ワークスタディ

刑法総論
〔第2版〕

島岡 まな 編

不磨書房

〔執筆者紹介〕

執筆者	所属	執筆分担〈Lesson〉
島岡 まな	（亜細亜大学助教授）	1, 3, 5, 23
萩原 滋	（愛知大学教授）	2
松原 芳博	（早稲田大学教授）	4, 6
勝亦 藤彦	（海上保安大学校助教授）	7
小名木 明宏	（熊本大学助教授）	8, 22
津田 重憲	（明治大学助教授）	9, 10
平澤 修	（中央学院大学専任講師）	11
石井 徹哉	（奈良産業大学助教授）	12, 13, 18
北川 佳世子	（海上保安大学校助教授）	14
末道 康之	（清和大学助教授）	15, 21
對馬 直紀	（宮崎産業経営大学専任講師）	16
内山 良雄	（九州国際大学助教授）	17
大野 正博	（朝日大学助教授）	19, 20

〔執筆順〕

第2版　はしがき

　本書の初版を刊行してから約1年が過ぎた。幸い好評を得て，法学検定試験もかなり浸透してきたこともあり，その間，法律の改正や，新法の施行などもあったことから，この際，『ワークスタディ刑法各論』の刊行と併せ，全面的に見直しをすることになった。そこで，アップツーデートに，また法改正の動きにもあわせながら，各章間のバランス，問題の難易度の調整等々，より読者の便宜をはかることにした。

　各執筆者には，本書編集の趣旨にそって担当部分の全面的見直しをお願いした。初版では，時間に追われ，心ならずも不十分だった箇所も第2版では補うことができたと思っている。ご協力いただいた執筆者への感謝とともに，編集上ご迷惑をおかけした執筆者には心からお詫び申し上げたい。また，初版同様，出版にあたり大変お世話になった不磨書房の稲葉文彦氏，編集工房INABAの稲葉文子氏にも厚くお礼申し上げる。

　さらに，第2版として充実した本書をより一層活用されることで，読者に少しでも利益をもたらすことができれば，これに勝る喜びはない。

　　2002年3月

　　　　　　　　　　　　　　　　　　　　　　　　　　　島岡　まな

は　し　が　き

　高校生や社会一般の人々が推理小説やドラマ，新聞記事をにぎわす犯罪報道からイメージする刑法と，大学の講義で初めて接する刑法とのギャップに苦しむ学生から，「刑法は難しい」，「よくわからない」という声をよくきく。講義の最初から出てくる刑法独特の用語（構成要件，不真正不作為犯，結果無価値と行為無価値，原因において自由な行為，期待可能性など）や概念の難解さ，それらをめぐって錯綜する学説の対立などを前に，とまどう学生が多い。また，教授から指示される基本書と呼ばれるものも難解で，読み進めず途中で投げ出してしまい，ますますわからなくなるという悪循環に陥る学生も多いように思う。

　一方で，「刑法はおもしろい」，「他の法律分野では見られない（解釈によって有罪，無罪が分かれるなどの）ドラマティックな展開がある」と感じる学生もいる。そのような学生は，自力で刑法の難解さというハードルを飛び越えて刑法のおもしろさを味わう境地に達した学生だが，残念ながら大多数の大学で，そのような学生が多数派とはいえないように思われる。そこで，刑法をおもしろいと感じる学生の数を少しでも増やすために，「つまらない，難しい」と感じる多数派学生のハードルを少しでも低くする必要がある。ハードルのひとつが難解な教科書にあるのなら，やさしくわかりやすい教科書を提供するのもひとつの方法であろう。

　また，従来行われてきた英語検定試験などの語学検定と同様に，全国統一レベルで各法律の基本的知識を問う「法学検定試験」も平成12年（2000年）から始まった。司法試験受験までは考えないが，法学部の学生として学んだ証が欲しいと考える学生や，学生の客観的レベルが知りたい就職先の人事担当者などにとっても，今後有用な目安になるのではないかと思う。この試験（初年度は4級と3級のみであった）は決して難しいものではないが，問題形式に慣れることも必要であろう。

『ワークスタディ刑法』は，上記二つの目的のために企画された教科書である。すなわち，大学で初めて刑法を学ぶ学生や，法学検定試験で刑法を受けてみようという社会人を対象に，難解といわれる刑法総論の内容を，できるだけ平易に解説した入門書である。ただし，読みやすくするために説明や学説・判例の引用は必要最小限にとどめており，学生の場合は講義で教授による補足説明を聴くことによって，社会人の場合は必要があれば参考書を使用して，知識を補充して欲しい。ひとつの単元が終わる毎に法学検定試験類似の演習問題を解くことによって，問題形式に慣れるとともに，知識および問題解決能力（論理力）収得の有無を確認できるよう配慮した。

　もとより，上記二つの目的は大きく欲張ったものであり，その何分の一が達成できるかは，今後の結果を待つほかはない。しかし，編者の企画の趣旨に賛同し，限られた時間内で執筆を快諾してくださった執筆者は，それぞれの担当部分を得意とする研究者の方々で，講義で十分活用し，さらに本書の実効性を高めていただけるものと信じている。

　執筆者の方々，出版にあたって大変御世話になった不磨書房の稲葉文彦氏，編集工房INABAの稲葉文子氏，そして本書を買ってくれた人々に，心から感謝したい。

　　　2001年3月

　　　　　　　　　　　　　　　　　　　　　　　　　　島岡　まな

目　次

第2版　はしがき
はしがき

第1章　刑法の基礎

Lesson 1　刑法の基礎理論 …………………………………………3
　　1　刑法とは ……………………………………………………3
　　2　刑法の基礎理論 ……………………………………………5
Lesson 2　罪刑法定主義 …………………………………………8
　　1　意　義 ………………………………………………………8
　　2　派生原理 ……………………………………………………9
Lesson 3　刑法の適用範囲 ………………………………………14
　　1　場所的適用範囲 ……………………………………………14
　　2　時間的適用範囲 ……………………………………………15
　　3　人的適用範囲 ………………………………………………18

第2章　犯罪論の基礎

Lesson 4　行為と構成要件 ………………………………………21
　　1　犯罪論体系 …………………………………………………21
　　2　行　為 ………………………………………………………22
　　3　構成要件 ……………………………………………………24
Lesson 5　不作為犯 ………………………………………………32
　　1　不作為犯とは ………………………………………………32
　　2　不作為犯の成立要件 ………………………………………33
　　3　具体的事例 …………………………………………………35

Lesson 6	因果関係		37
	1	意 義	37
	2	因果関係の事実的基礎──条件関係	38
	3	因果関係の刑法的限定──相当因果関係と客観的帰属連関	41
Lesson 7	違法論		48
	1	違法性	48
	2	違法性阻却事由	54
Lesson 8	正当防衛		61
	1	正当防衛とは	61
	2	正当防衛の正当化根拠	61
	3	正当防衛の要件	62
	4	挑発防衛	65
	5	誤想防衛・過剰防衛	66
	6	盗犯等防止法	67
Lesson 9	緊急避難		69
	1	緊急避難とは	69
	2	緊急避難の法的根拠	69
	3	緊急避難の成立要件	70
	4	過剰避難	71
	5	誤想避難	72
Lesson 10	その他の違法性阻却事由		74
	1	その他の違法性阻却事由とは	74
	2	被害者の同意（承諾）	74
	3	安楽死	76
	4	尊厳死	77
Lesson 11	責任論		79
	1	責 任	79
	2	責任能力	81
	3	原因において自由な行為	84
Lesson 12	故 意		89

	1	意　義 ··89
	2	故意の対象 ···90
	3	故意の種類 ···92
Lesson 13	錯　誤 ··96
	1	事実の錯誤 ···96
	2	違法性の錯誤 ···104
Lesson 14	過　失 ··112
	1	過失犯の処罰規定 ···112
	2	過失とは何か――過失犯の構造 ················113
	3	構成要件該当事実の予見可能性 ················115
	4	信頼の原則 ··116
	5	監督過失 ···117
Lesson 15	未　遂 ··121
	1	未遂犯とは ··121
	2	実行の着手 ··122
Lesson 16	不能犯 ··128
	1	意　義 ··128
	2	不能犯学説 ··128
	3	判　例 ··130
	4	具体的事例の検討 ···132
Lesson 17	中止犯 ··136
	1	意　義 ··136
	2	中止犯の法的性格 ···137
	3	中止犯の成立要件 ···138
Lesson 18	共犯論 ··145
	1	正犯と共犯 ··145
	2	間接正犯 ···148
	3	共犯の処罰根拠 ···150
	4	共犯の従属性 ···153
Lesson 19	共同正犯 ··158

	1	共同正犯とは……………………………………………………………158
	2	共同正犯の成立要件………………………………………………159
	3	共同正犯の諸形態…………………………………………………159

Lesson 20　教唆犯，従犯（幇助犯）……………………………………163

	1	教唆犯とは…………………………………………………………163
	2	教唆犯の成立要件…………………………………………………163
	3	未遂の教唆と教唆の未遂…………………………………………164
	4	教唆犯の諸類型……………………………………………………165
	5	従犯とは（幇助犯）………………………………………………165
	6	従犯の成立要件……………………………………………………166
	7	幇助犯の諸類型……………………………………………………167

Lesson 21　共犯の諸問題　………………………………………………168

	1	共犯と身分…………………………………………………………168
	2	共犯と錯誤…………………………………………………………171

第3章　罪数論，刑罰論

Lesson 22　罪数論 …………………………………………………………177

	1	罪数論とは…………………………………………………………177
	2	行為の個数と犯罪の個数…………………………………………178
	3	一　罪………………………………………………………………178
	4	数　罪………………………………………………………………181

Lesson 23　刑罰制度 ………………………………………………………183

	1	刑罰の種類…………………………………………………………183
	2	刑の量定……………………………………………………………185

　解答と解説 …………………………………………………………………187

　事項索引 ……………………………………………………………………199

〔参考文献〕

阿部純二・刑法総論（日本評論社　1997年）
板倉　宏・刑法総論（新訂版・勁草書房　1998年）
植松　正・刑法概論Ⅰ総論（再訂版・勁草書房　1974年）
内田文昭・刑法総論Ⅰ（補正版・青林書院　1997年）
内田文昭・刑法概要上巻（基礎理論・犯罪論(1)），中巻（犯罪論(2)）（青林書院　1995年，1999年）
大越義久・刑法総論（第2版・有斐閣　1996年）
大嶋一泰・刑法総論講義案〔第2分冊〕（全訂新版・信山社　2000年）
大塚　仁・刑法概説〔総論〕（第3版・有斐閣　1997年）
大谷　實・新版刑法講義総論（成文堂　2000年）
小野清一郎・新訂刑法講義総論（増補版・有斐閣　1950年）
香川達夫・刑法講義〔総論〕（第3版・成文堂　1995年）
川端　博・刑法総論講義（成文堂　1995年）
木村亀二・刑法総論（阿部純二増補・有斐閣　1978年）
木村光江・刑法（東京大学出版会　1997年）
刑法理論研究会編・現代刑法学原論〔総論〕（第3版・三省堂　1995年）
斎藤信治・刑法総論（第3版・有斐閣　1999年）
佐伯千仭・刑法講義〔総論〕（4訂版・有斐閣　1984年）
佐久間修・刑法講義〔総論〕（成文堂　1997年）
曽根威彦・刑法総論（第3版・成文堂　2000年）
立石二六・刑法総論（成文堂　1999年）
団藤重光・刑法綱要総論（第3版・創文社　1990年）
内藤　謙・刑法講義総論（上），（中），（下）Ⅰ（有斐閣　1983年，1986年，1991年）
中　義勝・講述犯罪総論（有斐閣　1980年）
中野次雄・刑法総論概要（第3版補訂版・成文堂　1997年）
中山研一・刑法総論（成文堂　1982年）
西原春夫・刑法総論（1977年）（改訂版・上巻・成文堂　1991年）
野村　稔・刑法総論（補訂版・成文堂　1998年）
林　幹人・刑法総論（東京大学出版会　2000年）
平野龍一・刑法総論Ⅰ，Ⅱ（有斐閣　1972年，1975年）
平場安治・刑法総論講義（有信堂高文社　1952年）

福田　平・全訂刑法総論（第3版・有斐閣　1996年）
藤木英雄・刑法講義総論（弘文堂　1975年）
前田雅英・刑法総論講義（第3版・東京大学出版会　1998年）
牧野英一・刑法総論上巻（全訂版），下巻（全訂版・有斐閣　1947年，1948年）
町野　朔・刑法総論講義案Ⅰ（第2版・信山社　1995年）
松宮孝明・刑法総論講義（第2版・成文堂　1999年）
三原憲三・刑法総論講義（第2版・成文堂　1995年）
宮本英脩・刑法大綱（成文堂　1935年）
山口　厚・問題探究刑法総論（有斐閣　1998年）
山中敬一・刑法総論Ⅰ・Ⅱ（成文堂　1999年）

第1章

刑法の基礎

Lesson 1　刑法の基礎理論

1　刑法とは
(1)　刑法の意義
　刑法とは，**犯罪**と**刑罰**を定める法律である。一般に，「法とは，国家権力によって強制される社会規範である」といわれ，強制の方式としてさまざまな制裁が存在する。刑法も**規範**の一種であり，「人を殺した者は，死刑又は無期若しくは3年以上の懲役に処する」(199条)というように，「人を殺す」という犯罪の内容に「死刑又は無期若しくは3年以上の懲役」という刑罰を定めることによって，「人を殺してはならない」という行為の基準(**行為規範**)を国民に対して示している。それは，同時に，裁判官が裁判をする際に基準となるものであるから，**裁判規範**でもあり，刑罰という制裁を定めているので**制裁規範**でもある。

　形式的意義の刑法とは，明治40年に制定，同41年施行の刑法典のことをいう(狭義の刑法)。これは，犯罪の一般的成立要件および犯罪者の処罰について定めた第1編「総則」と，個々の犯罪成立要件および処罰について定めた第2編「罪」とに分かれている。「総則」の内容を学ぶのが刑法**総論**であり，「罪」の内容を学ぶのが刑法**各論**である。刑法典に加え，覚せい剤取締法，軽犯罪法，道路交通法等のさまざまな特別刑法，行政刑法を含め，犯罪と刑罰を規定したすべての法律を実質的意義の刑法という(広義の刑法)。

(2)　刑法の目的と機能
　刑法の目的は，道徳や倫理の維持にあるのではなく，**法益の保護**にあるというのが，現在の考え方である。道徳や倫理に反する行為が行われても，それだけで即刑罰の対象となるわけではない。その理由は，①現代の憲法の予定する個人主義かつ自由主義社会においては，多様な価値観が認められるため，たとえ道徳または倫理に反し，多くの人が避ける行為であっても，何らかの法益を

侵害しない限り，他の人々と異なった行動も法的には許されるべきであること，②道徳や倫理というものは，その時代，場所，人によって異なり，また人それぞれの良心に訴えるべきものであって，国が強制し，刑罰を科すだけの客観的根拠とはなりえないというものである。ここから，いわゆる「被害者のいない犯罪」(麻薬や覚せい剤等の薬物の自己使用や**賭博**，性風俗に対する罪等)を非犯罪化しようという議論も出てくる。

　法益とは，**法によって保護されるべき利益**のことで，人の生命，身体，自由，名誉，財産，公共の安全など，さまざまな種類がある。刑法は，このような法益を保護し(**法益保護機能**)，それらを侵害した者を処罰することにより(**犯罪抑止機能**)，法秩序を維持し，社会の平穏を保っている(**法秩序維持機能**)。

　法秩序維持機能と並んで重要なものに，**人権保障機能**がある。刑法の，刑罰という人権侵害を通じて法秩序を維持するという機能は比較的理解されやすいが，刑法が逆に人権保障のためにあるという説明は，一見矛盾するように思える。しかし，刑法がなければ，どのような行為が犯罪とされ，それに対してどのような刑罰が科されるのかが国民に明らかにされず，国家の支配者による恣意的な処罰が行われる危険がある。すなわち，明文の刑法で犯罪とされ，処罰されている行為以外の行為は原則として自由であることを保障する機能が，刑法にはある(Lesson 2　罪刑法定主義　参照)。

(3)　刑法の特質

　刑法は，さまざまな法的制裁の中で最も強い強制力を持つ刑罰を科すことから，以下に述べる特質がある。まず，犯罪に対して科される刑罰は，生命，身体，自由，財産等に対する侵害，すなわち重大な人権侵害であるから，その適用には慎重でなければならない。そこで，刑法は，実効性を伴った法益保護にとって民法や公法のような穏健な処分では不充分な場合に初めて登場する「最後の手段」でなければならず(**刑法の補充性**)，また一部の特に重大な法益侵害だけを処罰するという断片的性格をもつものでなければならない(**刑法の断片性**)。この２つをあわせて，刑法の**謙抑性の原則**という。

　次に，刑法の解釈は厳格でなければならないという**厳格解釈の原則**が導かれる。これは，人権保障確保のための近代刑法の大原則である**罪刑法定主義**(Lesson 2 参照)の派生原則である類推解釈の禁止にも表れている。

2　刑法の基礎理論
(1)　近代社会成立前（アンシャン・レジーム）の刑法
　近代社会成立以前の刑法の性格として，①法と宗教・道徳との不可分，②罪刑専断主義，③身分による不平等，④残酷な刑罰をあげることができる。その後，18世紀の啓蒙主義思想に影響を受けた欧米の近代市民革命を経て，人権保障の観念を基礎とする刑法の基礎理論が形成された。
(2)　古典学派（旧派）と近代学派（新派）
　ヨーロッパにおいて最初に主張された**古典学派（旧派）**は，啓蒙主義刑法思想，社会契約説，個人主義的自由主義を基礎とする。まず，イタリアのベッカリーアは，その著書『犯罪と刑罰』(1764年) の中で，①罪刑法定主義，②不平等な処罰の排斥，③罪刑の均衡，④残虐な刑罰の禁止を主張した。また，「近代刑法学の父」と呼ばれるドイツのフォイエルバッハは，権利侵害としての犯罪に対して，その利益を上回る苦痛である刑罰を科すことによって国民を心理的に強制し，犯罪から遠ざけるという**一般予防論**を主張した。そのためには，犯罪と刑罰はあらかじめ法律によって国民に予告されている必要があるとして，罪刑法定主義を強調した。また，ベッカリーアやフォイエルバッハを前期古典学派，次に述べる近代学派の後に主張されたより国家主義的色彩の強いドイツのビンディング，ビルクマイヤー，ベーリング等の理論を後期古典学派と呼ぶこともあるが，以下の点で共通の理論を採っている。①犯罪行為者の「意思の自由」を認め（**意思自由論，非決定論**），②自由意思を持つ行為者があえて違法行為を行ったことに責任の根拠を求め（**道義的責任論**），③処罰の対象は行為者ではなく，行為であるとし（**行為主義**），④行為の客観的側面を重視し（**客観主義**），⑤刑罰は，犯罪の結果（法益侵害）に対する応報であり（**応報刑論**），⑥刑罰の目的は，犯罪に対する応報として刑罰を科すと予告して一般国民を威嚇することにより，犯罪を予防することである（**一般予防論**）。また，この立場によると，⑦刑罰は行為者の責任の限度で行為者に対する非難として科されるものであるから，責任を要件とせず，行為者の危険性を根拠に認められる**保安処分**とは明確に区別されることとなる（**二元主義**）。
　これに対して，**近代学派（新派）**は，**生来性犯罪人説**を唱えたイタリアのロンブローゾ，目的刑論を主張したドイツのリスト等に代表される。すなわち，

犯罪者は，素質や環境により犯罪を行うよう決定づけられているため意思の自由はなく（**決定論**），②意思の自由のない犯罪者を道義的に非難することはできないので，その責任の根拠を行為者の危険な性格，その危険性のゆえに社会から隔離される一定の地位に求め（**性格責任論，社会的責任論**），③処罰の対象を行為ではなく，行為者であるとし（**行為者主義**），④行為者の反社会的性格などの主観的側面を重視し（**主観主義**），⑤刑罰は単なる過去に向けられた応報ではなく，行為者の反社会的性格を将来に向けて改善・教育するという目的をもつものであり（**目的刑論，改善刑・教育刑論**），⑥刑罰の目的は，犯罪者を更正させ，再犯から予防することである（**特別予防論**）。この立場によれば，⑦刑罰は非難としての意味を持たず，行為者の責任も要件とせず，行為者の危険性を根拠に科されるものであるから，**保安処分**との区別は認められないこととなる（**一元主義**）。

	古典学派（旧派）	近代学派（新派）
意思の自由	意思自由論・非決定論	決定論
刑事責任	道義的責任論	性格責任論，社会的責任論
処罰の対象	行為主義	行為者主義
犯罪成立要件	客観主義	主観主義
刑罰	応報刑論	目的刑論，改善・教育刑論
刑罰の目的	一般予防論	特別予防論

(3) 現代の刑法理論

　現在では，かつてわが国でも見られたような学派の争いは見られず，両派の考え方の良い点をとりいれた統合説が主流である。たとえば，犯罪と刑罰を区別し，犯罪の成立場面では，古典学派の主張した行為主義，客観主義を基礎としつつ，刑罰に関しては，近代学派の主張した改善刑・教育刑の考え方をとりいれている。また，応報刑論を基本としつつ，一般予防だけでなく特別予防も考慮する**相対的応報刑論**もその例である。

　ただし，一般予防または特別予防のために必要な場合であっても，行為責任に見合った刑の限度を超えて重く処罰することは許されない。**責任主義**は，罪刑法定主義（Lesson 2 参照）と並ぶ近代刑法の大原則だからである。

ワーク 1　演習問題

【問】　以下の組み合わせのうち，誤っているものを選びなさい。

【法学検定試験4級程度】

(1)　道義的責任論―意思自由論
(2)　目的刑論―二元主義
(3)　一般予防論―心理強制説
(4)　社会的責任論―意思決定論

(担当：島岡まな)

Lesson 2　罪刑法定主義

1　意　義

罪刑法定主義は「法律がなければ犯罪もなく，刑罰もない」とする原則であり，刑法の最も重要な原則の一つである。現行刑法に罪刑法定主義の規定は存在しないが，日本国憲法31条が「何人も，法律の定める手続によらなければ，その生命若しくは自由を奪はれ，又はその他の刑罰を科せられない。」と定め，また同39条が「何人も，実行の時に適法であつた行為……については，刑事上の責任を問はれない。」と定めるのは，罪刑法定主義を保障したものと理解されている。

　罪刑法定主義の歴史的な淵源は，13世紀のイギリスのマグナ・カルタに端を発し，これがその後**「法の適正手続」**として発展し，アメリカ合衆国のヴァージニア権利章典（1776年）やフランスの人権宣言（1789年）の中に取り入れられ，明治時代にわが国が手本としたヨーロッパ諸国の刑法の大原則として承認されるようになったとされている。罪刑法定主義の歴史的な淵源については異論もあるが，近代的な意味での罪刑法定主義に重大な影響を及ぼしたのが18世紀の啓蒙思想であるという点に関するかぎり争いはない。

　罪刑法定主義の理論的な根拠としては，モンテスキューの主張した**三権分立論**と，近代刑法学の父と呼ばれるフォイエルバッハの主張した**心理強制説**が挙げられる。モンテスキューは，法律を制定することができるのは国会（立法権）だけであり，裁判所（司法権）には国会の制定した法律を適用することだけが許されるとした。またフォイエルバッハは，人は快を追求し不快を避ける性向を有するから，犯罪予防の目的を達成するためには，事前に苦痛としての刑罰を法律で予告することが是非とも必要であるとして罪刑法定主義を基礎づけた。しかしながら，現代刑法学の主流はモンテスキューの見解もフォイエルバッハの見解も不十分であるとして，罪刑法定主義の根拠は**予測可能性の保障**

を中心とする**人権尊重主義**に求められるべきだとしている。

2　派生原理

罪刑法定主義から派生する原理として以下のものがある。
(1)　罪刑の法定性

「法律がなければ犯罪もなく，刑罰もない」にいう「法律」とは狭義の法律すなわち国会の制定したそれを意味する。したがって，刑法の法源は狭義の法律でなければならないが，これにはいくつかの点で注意を要する。

まず，罰則の制定を他の法令に委任する場合がある。これについて憲法73条6号は内閣に政令の制定権限を付与する一方で，「政令には，特にその法律の委任がある場合を除いては，罰則を設けることができない。」と定めている。これによれば，政令による罰則の制定は法律がそれを個別的・具体的に委任している場合（特定委任）にのみ許されることになる。たとえば，国家公務員法は公務員が「政治的行為」を行うことを禁止し，処罰しているが，「政治的行為」の具体的内容について人事院規則に委任することは憲法の許容する委任の限度を超えるものではないとされている（最大判昭49・11・6刑集28巻9号393頁）。

次に，刑罰法規は狭義の法律に限られるということになると，条例で罰則を定めることは罪刑法定主義に違反するのではないかとの問題が出てくる。これに対して，地方自治法14条3項は，「普通地方公共団体は，法令に特別の定めがあるものを除くほか，条例中に，条例に違反した者に対し，2年以下の懲役若しくは禁錮，百万円以下の罰金，拘留，科料若しくは没収の刑又は5万円以下の過料を科する旨の規定を設けることができる。」と定める。法律以外の下位規範への**罰則の委任**は特定委任に限られるとの観点からいえば，条例に罰則制定の包括的な委任を定めた地方自治法14条3項は問題があるようにも見えるが，政令と違い条例は地方議会の議決を経るものであるから，国会の議決を経て制定される法律に準じて考えることが許されるとの理由から，憲法違反の問題は生じないとされている。

このように，刑罰法規は少なくとも国民や住民の代表によって構成される国会や地方議会によって制定されたものでなければならないから，慣習，すなわち一定の人々の間で長年にわたり繰り返し行われているうちに確立されるよう

になった社会規範は，刑法の法源としては認められないことになる（**慣習刑法の排斥**）。もっとも，法律の解釈にあたり慣習を参照することが許されることはいうまでもない。たとえば，刑法209条以下の過失致死傷罪では注意義務違反の存否が問題となり（Lesson 14　過失　参照），不真正不作為犯では作為義務違反の存否が問題となる（Lesson 5　不作為犯　参照）が，注意義務違反や作為義務違反の存否を判断する際に慣習を参照することは何ら問題がない。

(2) **罪刑の明確性**

罪刑法定主義はどのような行為に対してどのような刑罰が科されるかの予測可能性を国民に保障する原理であることから，犯罪構成要件（Lesson 4　行為と構成要件　参照）および刑罰が法律上明確に定められていることが要請される。判例によれば，刑罰法規が明確かどうかは，「通常の判断能力を有する一般人の理解において，具体的場合に当該行為がその適用を受けるものかどうかの判断を可能ならしめるような基準が読みとれるかどうかによってこれを決すべきである」とされ，集団行動等をする者は「交通秩序を維持すること」という遵守事項を定めた徳島市公安条例は不明確とはいえないとされた（最大判昭50・9・10刑集29巻8号489頁）。

絶対的不定刑もまた禁止される。絶対的不定刑とは，「……した者は刑に処する」とか，「……した者は懲役に処する」というように，刑罰の種類や自由刑の期間の定めがないような規定形式の罰則を指す。これに対して，「……した者は死刑又は無期若しくは3年以上の懲役に処する」というように，刑罰の種類と自由刑の期間を相対的に法定する相対的不定刑は予測可能性を害するものではなく，罪刑法定主義に違反しない。なお，少年法52条は刑の短期と長期とを定めて言い渡す宣告刑における**相対的不定期刑**を採用している。

(3) **遡及処罰の禁止**

刑法は，その公布，施行前の行為に遡って適用されることはない。刑法の遡及適用を認めると国民の予測可能性や法的安定性が害されるので，憲法39条において明示的に禁止されているのである。もっとも，罪刑法定主義は被告人の利益を守るための原理であるから，被告人にとって利益に刑法を遡及適用することは罪刑法定主義に違反しない。刑法6条が，「犯罪後の法律によって刑の変更があったときは，その軽いものによる」と定めるのも，このような観点か

ら理解する必要がある（刑法の時間的適用範囲については，Lesson 3　刑法の適用範囲参照）。

　刑法不遡及の原則を一歩進めて，判例が被告人に不利に変更される場合にもこれを当該事件に遡及適用することは許されないとする学説があるが，最高裁はそうした見解を受け入れていない（最判平8・11・18刑集50巻10号745頁）。

(4)　類推解釈の禁止

　類推解釈とは，法律に規定のない事項につき，これと類似の性質を有する事項に関する法律を適用することをいい，これが認められると予測可能性を害する結果となるため許されないとされているのである（通説）。これに対して，類推も一つの解釈であり，一方で**拡張解釈**を許容しながら，類推解釈を禁止するのは筋が通らないとの見解も有力である。

　法律の解釈は**文理解釈**，すなわち日本語の文法に即して，法律に書かれた言葉の意味を明らかにすることから始められる。文理上複数の解釈が可能な場合など，文理解釈が必ずしも事案の解決に役立たない場合には，立法当時における立法者の意思を考慮したり（**主観的解釈**），法律の趣旨や目的を考慮したりして（**目的論的解釈**）法律の意味内容を明らかにしていくことになる。その結果，法律の意味内容は法律で使用されている言葉の日常用語的な意味よりも狭く解釈されることもあれば（**縮小解釈**），それよりも広く解釈されることもある（拡張解釈）。そこで，拡張解釈は許されるが，類推解釈は禁止されるといわれるのである。類推解釈と拡張解釈との限界について，学説においては，法律で使われている言葉の可能な意味の範囲内の解釈であれば拡張解釈であり，これを超えた解釈であれば類推解釈であるとか，予測可能性の範囲内か否かを基準として判断すべきであるとの見解が示されている。

　判例の法解釈が類推に当たるのではないかが問題とされた事例は少なくない。著名なものとして，電気は旧刑法366条（窃盗罪）にいう「他人の所有物」に当たるとしたもの（大判明36・5・21刑録9輯874頁），ガソリンカーも刑法129条（過失往来危険罪）にいう「汽車」に含まれるとしたもの（大判昭15・8・22刑集19巻540頁），フォト・コピーは155条（公文書偽造罪）にいう「文書」に当たるとしたもの（最判昭51・4・30刑集30巻3号453頁），胎児も211条（業務上過失致死傷罪）にいう「人」に含まれるとしたもの（最判昭63・2・29刑集42巻2号314頁）

などがある。

なお，罪刑法定主義は被告人の利益を守るための原理であるから，**被告人に有利な類推解釈**は許容される。たとえば，自救行為は36条の要件のうち急迫性の要件を欠くため正当防衛には当たらないが，一定の要件の下において正当防衛に準じて行為の違法性が阻却されるとされている（通説）。

(5) 刑罰法規の内容の適正

罪刑法定主義が適正手続を保障した憲法31条の要請であること，また罪刑法定主義の理論的根拠が究極的には人権尊重主義に求められるべきことから，罪刑法定主義は刑罰法規の内容の適正（**適正処罰の原則**あるいは**実体的デュー・プロセス**とも呼ばれる）をも保障するものであるとされるのが一般である。刑罰法規は明確でなければならないと判断した，徳島市公安条例に関する前掲判例はこの趣旨を認めたものだと解されている。

このほか，犯された犯罪と科される刑罰とが著しく不均衡な場合（**罪刑均衡の原則**）や，刑罰法規の文面があまりにも広すぎるために処罰の対象とされるべきではない行為をも処罰の対象に含んでしまうような場合（**過度に広汎な処罰の禁止**）にも，刑罰法規の内容の適正が問題となる。最高裁は適正処罰の原則を明示的に認めたことはないが，青少年保護育成条例による「淫行」の処罰が問題となった事件においてこれを次のように限定して解釈した。

「本条例10条1項の規定にいう『淫行』とは，広く青少年に対する性行為一般をいうものと解すべきではなく，青少年を誘惑し，威迫し，欺罔し，又は困惑させる等その心身の未成熟に乗じた不当な手段により行う性交又は性交類似行為のほか，青少年を単に自己の性的欲望を満足させる対象として扱っているとしか認められないような性交又は性交類似行為をいうものと解するのが相当である。」（最大判昭60・10・23刑集39巻6号413頁）

《罪刑法定主義　「法律なければ犯罪もなく，刑罰もない」の原則》
理論的根拠　　三権分立原理（民主主義の要請）
　　　　　　　予測可能性の保障（自由主義の要請）
　　　　　　　人権尊重主義
派生原理　　　罰則の包括委任の禁止

```
            慣習刑法の排斥
            絶対的不定刑の禁止
            遡及処罰の禁止
            類推解釈の禁止
            刑罰法規の内容の適正    明確性の原則
                                罪刑均衡の原則
                                過度に広汎な処罰の禁止
```

ワーク 2　演習問題

【問】　次の文章のうち，正しいものはどれか。　　【法学検定試験4級程度】
(1)　拡張解釈は予測可能性を害するので罪刑法定主義に違反する。
(2)　刑罰法規で定められた刑が行為時法と裁判時法とで相違する場合には軽い方の刑を適用するというのが罪刑法定主義の要請である。
(3)　法律の委任があれば，罰則の内容を包括的に政令に委任することが許される。
(4)　罪刑法定主義により慣習刑法は排斥されるが，刑法の解釈に際して慣習を考慮することは差し支えない。

(担当：萩原　滋)

Lesson 3　刑法の適用範囲

1　場所的適用範囲

　日本の刑法は，日本でしか適用されないのだろうか。それとも一定の場合には日本以外の国でも適用されるのだろうか。これが，刑法の場所的適用範囲の問題である。

　これについては4つの説がある。第一は**属地主義**で，日本国内で犯された犯罪（国内犯）については，犯人が日本国民であろうとなかろうと日本の刑法を適用するというものである。日本国内とは，日本の領土，領海，領空をいう。刑法1条2項は，「日本国外にある日本船舶又は日本航空機内において罪を犯した者」にも国内犯として刑法が適用されるとする。これを旗国主義という。

　犯罪地の決定については，構成要件に該当する実行行為か結果の一部が日本国内で生じれば，「国内犯」とされる（遍在説）。

　第二は**属人主義**で，外国で自国民が犯した犯罪（日本国民の国外犯）には自国の刑法を適用し（積極的属人主義），または外国で自国民に対して犯された犯罪に自国の刑法を適用する（消極的属人主義）というものである。刑法3条は，放火罪，文書偽造罪，強姦罪，殺人罪，略取・誘拐罪，強盗・窃盗罪，詐欺罪などの比較的重い罪について，積極的属人主義を採用している。ただし，属人主義は国家主義的思想に基づくという批判があり，刑法3条は行為地国に代わって処罰を行うという代理主義を採用したものという理解もある。
刑法4条の公務員の国外犯（職権濫用罪，収賄罪等）については，属人主義によるものか，次に述べる保護主義によるものかの争いがある。

　第三は**保護主義**で，日本または日本人の利益を侵害する犯罪には，犯人の国籍が何であろうと犯罪地がどこであろうと日本の刑法を適用するというものである。刑法2条は，内乱・外患罪，通貨偽造，公文書偽造，有価証券偽造罪等の重大な犯罪に限り，日本国外でこれらの犯罪を犯したすべての者（すべての

者の国外犯）に日本の刑法を適用するとしている。

第4は**世界主義**で，犯罪地・犯人の国籍・自国または自国民の利益を侵害したか否かを問わず，自国の刑法を適用するというものである。刑法4条の2は，1987年に締結された「国際的に保護される者に対する犯罪の防止及び処罰に関する条約」および「人質をとる行為に関する国際条約」により追加されたものである（条約による国外犯）。

日本の刑法は，原則として属地主義を採用し，一定の犯罪について属人主義，保護主義，世界主義を採用している。

2 時間的適用範囲

刑法は，いつ犯された犯罪に適用されるのだろうか。これが，刑法の時間的適用範囲の問題である。

まず，近代刑法の大原則である罪刑法定主義（Lesson 2 罰刑法定主義 参照）から，**事後法の禁止（刑罰法規不遡及の原則）**が導かれる。すなわち，実行行為の後に施行された刑法は，実行行為のときに遡って適用されることはない。

(1) 刑の変更と刑の廃止

> 第6条（刑の変更） 犯罪後の法律によって刑の変更があったときは，その軽いものによる。

(a) 刑の変更

被告人に不利益な遡及処罰は禁止されるが，被告人に有利な新法の遡及適用は罪刑法定主義に反しない。刑法6条が罪刑法定主義から直接導かれるわけではない（実行行為時の刑法で処罰しても罪刑法定主義に反しない）が，罪刑法定主義の趣旨をむしろ生かした政策的規定だといえる。

刑法6条における旧法と新法の区別は，公布時期ではなく，**施行**時期を基準とする。「犯罪後」とは，**実行行為の終了後**という意味であるから，結果犯についても結果の発生時ではなく，実行行為時を基準としなければならない。実行行為が旧法と新法とにまたがって行われた場合，単純一罪（大判明43・5・17刑録16輯877頁），包括的一罪（大判明43・11・24刑録16輯2118頁），継続犯（最判昭27・

9・25刑集6巻8号1093頁）については，実行行為終了時の法律＝新法が適用される。判例は，科刑上一罪についても新法を適用している（大判明42・11・1刑録15輯1498頁）が，学説は，科刑上一罪は実質上数罪が合一して数罪とされる場合であるから，各行為を分離し，新法時の行為については新法を適用，旧法時の行為については6条によって適用法律を決定し，刑法54条によって処断すべきであるとする（団藤重光，福田平，大塚仁，内田文昭，大谷實など多数）。

刑の変更の「刑」について，判例は主刑のみで付加刑を含まないとし（没収につき，大判明42・1・21刑録15輯10頁），学説もかつては含まないとする説も多かったが，最近は，付加刑も含むとする説が有力である（大塚仁，内田文昭，大谷實など）。労役場留置期間（刑法18条）の変更も刑の変更といえる（大判昭16・7・17刑集20巻425頁）。刑の執行猶予の条件の変更については，判例は刑の変更にあたらないとした（最判昭23・6・22刑集2巻7号694頁）が，実質上被告人の処罰に重大な影響を及ぼすから刑の変更に含まれるとする学説が多い（団藤重光，福田平，大塚仁，中山研一，内田文昭，大谷實，町野朔，林幹人など）。刑事訴訟法上の規定については事後法の禁止はあてはまらないという見解も有力であるが，公訴時効を被告人に不利益に変更した場合などは，被告人の予測可能性を著しく害し，実質的人権保障の原則に反するという学説からの批判も強い。

近年注目されてきた**判例の不利益変更**に関しては，判例は法源とはなりえないという理由で，事後法の禁止は及ばないとされてきた（最判平8・11・18刑集50巻10号745頁）が，学説では，遡及禁止説（不利益変更は将来に向けての宣言にとどめ，当該事案には適用しないなど）も有力となりつつある。また，錯誤理論（Lesson 13　錯誤　参照）や期待可能性理論（Lesson 11　責任論　参照）で救済をはかろうとする説もある。

(b)　**刑の廃止**

刑が廃止された場合の取扱いについて，刑事訴訟法337条2号に，「犯罪後の法令により刑が廃止されたとき」には免訴の言渡しをしなければならないと規定されている。ただし，たとえば，駐車禁止区域の変更など，構成要件自体の廃止ではなく，その内容をなす事実に関する廃止・変更は，刑の廃止ではない。

この問題は，次に述べる限時法の問題としても論じられてきた。

(2) 限時法

　限時法とは，一定の有効期限を定めて制定された法律のことである。実行行為時に有効な限時法も裁判時に期限が切れていれば，上に述べたように，刑の廃止に関する刑事訴訟法337条2号によって免訴の言渡しをしなければならない。すると，限時法については，有効期限が近づくにつれて事実上処罰の可能性（実効性）がなくなってしまう。

　この問題について，たとえば，ドイツでは刑法典2条で，「一定の時についてのみ効力をもつべき法律は，その効力のある期間中に行われた行為に対して，その法律が効力を失ったときにも，なおこれを適用する」として，立法的に解決している。

　このような明文の規定のないわが国でも，解釈によって追及効を認めようとする考え方を，「限時法の理論」という。かつては，限時法である限り，有効期間中の違反行為については失効後も常に追及効を認めるべきという肯定説（小野清一郎）や，法律が失効するに至った理由を考慮して，国家の法的見解が変更された場合は追求効は認められないが，単に事実関係の変化にすぎない場合には追求効を認めるといういわゆる動機説（植松正）も存在したが，現在では，追求効の明文がないのに解釈によりそれを認めることは許されず，刑法6条および刑事訴訟法337条2号の解釈により，刑の廃止として免訴判決にすべきという否定説が通説となっている（団藤重光，平野龍一，香川達夫，大谷實など）。

　判例は，この問題に関して動揺を続け，免訴判決（大判昭13・10・29刑集17巻853頁，最判昭28・7・22刑集7巻7号1562頁，最判昭32・10・9刑集11巻10号2497頁）と有罪判決（大判昭15・7・1刑集19巻401頁，最判昭25・10・11刑集4巻10号1972頁，最判昭37・4・4刑集16巻4号345頁）とが交互に繰り返されてきた。ただし，最判昭37年4月4日の事案は，県公安委員会規則により禁止されていた原付自転車の2人乗り行為について，同規則が行為後に廃止された場合でも可罰的だとしたが，道路交通法上の違反行為の可罰性は変わらず，具体的な事実が変更されたに過ぎないとした点で，上に述べた駐車禁止区域の変更などの場合と同様に考えることもできよう。

3 人的適用範囲

日本の刑法は，時間的・場所的効力が及ぶ限り，何人に対しても適用されるのが原則である。しかし，①天皇，②国会議員の院内活動（憲法51条），③外国の元首，外交官，使節とその家族，④承認を得て日本領土内にある外国軍隊・軍艦には適用されない。これが，刑法の人的適用範囲の問題である。

ワーク 3　演習問題

【問】　以下の記述のうち，誤っているものを一つ選びなさい。

【法学検定試験3級程度】

(1)　日本人が，フランスでイタリア人の財布を盗んだときは，日本の刑法が適用される。

(2)　ロシア人が，公海を航行中の韓国船舶上で日本人を殺害したときは，日本の刑法が適用される。

(3)　イギリス人が，インドネシアで日本円を偽造したときは，日本の刑法が適用される。

(4)　アメリカ人が，日本航空機内でドイツ人を殺害したときは，日本の刑法が適用される。

（担当：島岡まな）

第2章

犯罪論の基礎

Lesson 4　行為と構成要件

1　犯罪論体系

　「犯罪」とは，構成要件に該当し，違法で，かつ有責な行為であると定義される。すなわち，「犯罪」が成立するためには，①何らかの人の**行為**が，②殺人，窃盗，詐欺といった法律上の犯罪の型（構成要件）に当てはまり（**構成要件該当性**），③法秩序の要請に反し（**違法性**），④それを理由に行為者本人を非難しうる（**責任**），ということが必要となる。このように，犯罪成立要件を①行為，②構成要件該当性，③違法性，④責任（有責性）という形に整序することによって，直観的・全体的判断を避け，分析的・理論的な判断を可能にしようとする思考の枠組みを犯罪論体系という。犯罪論体系は，犯罪の成否に関する公正で安定的な判断と刑法学の学問的発展にとって不可欠な道具であるが，あくまでも人が思考上作りだしたものであるから，唯一の正しい体系があるわけではなく，英語，中国語，日本語といったいくつかの言語が同等の論理的整合性をもって存在しうるのと同様に，いくつかの犯罪論体系が同等の正当性をもって主張されうる。それゆえ，国によって異なる犯罪論体系が採用されているし，わが国の内部でも，行為を独立の犯罪成立要件として犯罪論体系の第一段階に置く行為説と，行為概念を構成要件の内部で論ずる構成要件説が対立しており（後述 2(2)参照），構成要件と違法性との関係（後述 3(2)(3)参照）についても争いがある。

《犯罪論体系》
行為説：　　①行為 ⟶ ②構成要件（該当性）⟶ ③違法性 ⟶ ④責任
構成要件説：①構成要件（該当性）⟶ ②違法性 ⟶ ③責任

---

2 行　為

(1) 行為主義

　犯罪は，あくまで人の行為でなければならない。自然現象や動物の行動は，犯罪とはなりえない。また，病気などの身体的・精神的状態や，思想・信条なども犯罪には含まれない。このように行為のみが犯罪となりうるという原則は，行為主義とよばれる。行為主義は，かつて実際に行われていた思想による処罰を排除し，客観的に行為として現れ，社会的外界に対して現実に影響を及ぼして初めて処罰の対象になるという近代刑法の基本原則である。

　なお，刑法で「行為」というときは，狭義では人の身体的態度のみを指すが，広義では身体的態度によって引き起こされた結果をも含む。

(2) 行為論の体系的地位

　行為論の体系的地位については，これを独立の犯罪成立要件として犯罪論体系の第一段階に位置づける見解（**行為説**）と，その独立の地位を否定し構成要件該当性の内部で論じる立場（**構成要件説**）とが対立している。行為説は，刑法的評価を加える以前の生（なま）の事実としての行為の把握が重要であること，行為主義の原則は立法者をも拘束するものであるから立法の産物である構成要件より前置されねばならないことを理由とする。この行為説は，犯罪概念を，行為―違法行為―可罰行為という形で順次対象を限定していくことによって定義する範疇論的体系に由来するものであって，およそ犯罪とはいかなるものかを問うという犯罪本質論を主眼に置くものといえよう（もっとも，現在の行為説は，可罰行為の類型である構成要件を違法性に前置しており，範疇論的体系を徹底してはいない）。これに対して，構成要件説は，不作為犯においてとくに顕著であるように，行為が存在するかどうかは，構成要件に規定された特定の行為との関係でのみ語ることができるものであって，裸の行為を確認することは不要であるのみならず不可能であると指摘する。この構成要件説は，犯罪の成否を判断するという特定の目的に向けて構築された目的論的体系に由来し，実定法の存在を前提として具体的な行為が犯罪となるかどうかを問うという犯罪認定論を主眼に置くものといえよう。

(3) 行為概念の機能

　行為概念には，刑法学上，次のような機能を果たすことが期待されている。

行為概念は，まず，行為といえないものをあらかじめ犯罪評価の対象から除外するという**限界要素**としての機能を有する。これは，「思想は罰せず」という行為主義を担保するとともに，人の行為への帰属の外郭を画することによって犯罪の時空的限界をも設定する実践的な機能である。

　次に，行為概念は，犯罪評価（ないし違法評価）の対象となる実体を示すという**基本要素**ないし実体要素としての機能を有する。評価の対象としての行為の実体を解明することは，以後の犯罪論（とくに違法論）を指導し，その内容を規定する意味を有する。

　一方，評価の対象としての行為は，すべての可罰的態度を含まねばならない。そこで，基本要素としての機能からは，作為・不作為，故意行為・過失行為を一つの行為概念の下に統一するという**統一要素**としての機能が派生してくる。

　最後に，構成要件該当性，違法性，責任（有責性）は，一つの行為に対する評価という形で結びつけられる。こうして，行為概念は，犯罪構成要素を一つに結合させ，犯罪論に一貫性をもたせるという**結合要素**としての機能をも有している。

(4) 行為概念の内容

　行為のメルクマールをどこに見出すかについては，学説上，激しく争われてきた。

　まず，**因果的行為論**は，行為を，人間の意思に起因する外界の変更として自然科学的に把握する。この立場によれば，行為概念のメルクマールは，①意思に起因するという有意性と②外界の（物理的）変更という有体性に求められる。しかし，不作為犯では少なくとも②が欠け，さらに，踏切番が寝込んでしまったため遮断機の操作を怠ったというような忘却犯では①も②も欠けるため，因果的行為論ではその犯罪性を説明することができない。また，侮辱罪の行為性を神経の刺激により惹起された空気の振動として説明するような自然科学的な理解では，社会的事象である犯罪を適切に把握しえないうらみがある。

　次に，**目的的行為論**は，行為を，人間の意思による因果の統制過程として把握する。人間の行為の特徴は，一定の目的を設定し，それに応じた手段を投入して外界に働きかけることによって，その目的を達成しようとするところにあり，この意思による統制こそが行為の本質であるとするのである。因果的行為

論では，人の意思は因果の起点にすぎなかったのに対して，目的的行為論では，因果を統制する因子としての意思こそが行為の中心であり，意思の内容も重要な意味をもってくる。また，目的的行為論は，主観的な意思と，それに基づく行為の統制に注目することによって，違法論における行為無価値論を基礎づけるという役割も果たした。しかし，目的的行為論に対しては，不作為犯では現実の因果統制が欠け，過失犯では結果に対して目的的な因果統制が及んでいないため，これらの犯罪性を説明しえないという批判が提起されている。

これに対して，**社会的行為論**は，行為の社会現象としての側面に注目し，行為を，社会的に意味のある人間の態度，あるいは，客観的に支配可能な人間の態度による社会的外界への影響として定義する。社会的行為論には，身体の動静に起因すれば足りるとするもの，意思による支配可能性を要求するものなど幅広いヴァリエーションがあるが，社会的意味に注目することによって不作為の行為性を説明することができ，現実の有意性を放棄することによって忘却犯の行為性をも肯定しうることから，現在では幅広い支持を得るに至っている。しかし，社会的行為論に対しては，あまりにも包括的であって，行為の構造を明らかにするものではないとの指摘がなされている。

最後に，**人格的行為論**は，行為を人格の主体的現実化としての身体の動静と定義する。この見解は，行為の社会的基礎のみならず生物学的基礎をも重視するものであって，人格責任論と結びついているが，行為概念に主体的ないし主観的要素を大幅に取り込むことによって，責任判断を先取りしているとの批判が寄せられている。

これらの行為概念をめぐる対立は，人間の行為そのものに関する理解の相違というより，むしろ，刑法学上の行為概念の機能に関する見解の相違に起因しているといえよう。また，これらの行為概念には，狭義の行為を念頭に置くものと広義の行為を念頭に置くものとが混在しており，このことも議論が錯綜する一因となっているように思われる。

3 構 成 要 件
(1) 構成要件の意義

犯罪の成立を認めるためには，行為が殺人 (199条)，窃盗 (235条) といった

法律に定められた犯罪の型に当てはまらなければならない。このような法律上の犯罪の型を構成要件といい，行為が構成要件に当てはまることを構成要件該当性という。もっとも，構成要件とは，条文の文言そのものではなく，それに解釈を施したものである。たとえば，公務執行妨害罪に関する95条1項は「公務員が職務を執行するに当たり，これに対して暴行又は脅迫を加えた者」と規定するが，その構成要件は，解釈上，「適法な」職務の執行に対する暴行・脅迫に限定される。この「職務の適法性」のような要件を「不文の構成要件要素」という。

(2) 構成要件の機能

構成要件概念は，犯罪論上，次のような機能を有するとされる。

まず第1は，**罪刑法定主義的機能**ないし**保障機能**である。刑法では，あらかじめ法律で犯罪として規定されていないかぎりいかなる行為も処罰することはできない（罪刑法定主義）。そこで，犯罪の成否を検討するにあたって，まず，法律の規定から導かれた構成要件への当てはめを要求することによって，罪刑法定主義を担保しようとするのである。もっとも，罪刑法定主義の要請は，一方で，構成要件の要素に対してのみならず，責任能力，違法阻却事由，責任阻却事由，刑法の場所的適用範囲等に関する規定にも及ぼし，他方で，不文の構成要件要素には及ばないことに注意を要する。なお，罪刑法定主義からは，可罰的な行為と不可罰の行為との区別のみならず，ある犯罪と他の犯罪との区別も要請され，構成要件は，このような犯罪相互の区別を明らかにするという犯罪個別化機能を担うといわれることもある。

第2は，**違法推定機能**である。構成要件を違法行為を類型化したものと解する違法類型説（後述(3)）からは，構成要件に該当する行為は，正当防衛などの違法阻却事由が存在しないかぎり違法であるから，構成要件は違法性を推定するとされる。これに対して，構成要件を価値中立的な存在と解する行為類型説（後述(3)）からは，構成要件は行為の違法性についての判断を含まず違法推定機能を有しない，とされる。しかし，違法類型説からも，構成要件該当事実（法益の侵害・危殆化）の存在は違法阻却事由（反対利益の保全）の不存在を何ら推測させるものではないから，やはり違法推定機能は否定されるべきである。それに代わって，処罰を積極的に根拠づける事情を構成要件に類型化された法

益の侵害・危殆化に限定し，他の付随的な法益の侵害・危殆化による違法性の基礎づけを排除するという意味での違法類型化機能ないし不法内容限定機能を承認すべきように思われる。

　第3に，故意の成立には構成要件該当事実の認識が必要であるという意味で，構成要件は**故意規制機能**を有するとされる。もっとも，心理的な存在である主観的構成要件要素は故意の対象とはならない。他方で，通説によれば，構成要件に含まれない違法阻却事由の不存在も故意の対象に含まれるとされる。

(3)　**構成要件の性格をめぐる学説の対立**

　構成要件概念の創始者であるベーリングは，罪刑法定主義を担保するという見地から，構成要件を形式的な型であって，評価的要素を含まないものとした。このように，構成要件を価値中立的で形式的な行為類型として，違法性，有責性から截然と区別するのが**行為類型説**である。この見解は，構成要件の明確性を保持することによって罪刑法定主義的機能を徹底させようとするものであるが，構成要件を形式的に理解することによって，その範囲はかえって広汎になり処罰の限定に役立たないのではないかとの疑問や，違法性の観点を離れて構成要件を解釈するのは不可能だといった批判が寄せられている。

　これに対して，構成要件は違法な行為を類型化したものだとして，違法性と関連づけるのが**違法類型説**である。この違法類型説には幅広いヴァリエーションがあり，ある見解は，構成要件該当性は違法性の存在を推測させる徴表であるとし（認識根拠説），他の見解は，構成要件該当事実のなかに違法性を根拠づける実体があるとする（存在根拠説）。存在根拠説の発想からは，さらに，構成要件を違法阻却事由とともに違法性の範疇の内部に包摂する見解（違法要素説）や，反対に，違法阻却事由の不存在を構成要件要素に含める見解（消極的構成要件要素説）も主張される。他方で，違法類型説は，その前提とする違法性の実質に応じてその内容に相違が生じてくる。いわゆる行為無価値論からは，規範違反としての行為不法に影響を及ぼす故意・過失は構成要件要素とされるのに対して，結果無価値論からは，法益侵害性に影響を及ぼさない故意・過失は構成要件に属さないものとされる。違法類型説に対しては，構成要件に評価的要素が流入することによって構成要件の保障機能が害されるとの批判や，違法論が違法阻却事由の問題に矮小化されてしまうといった懸念が指摘されて

いる。

　最後に，構成要件を違法かつ有責な行為を類型化したものと解するのが**違法有責類型説**である。違法有責類型説には，違法類型と責任類型を一体として捉えて，構成要件該当性→違法性（違法阻却）→責任（責任阻却）の順で検討するものと，違法類型と責任類型を切り離し，違法構成要件→違法阻却→責任構成要件→責任阻却の順で検討するものがあるが，前者に対しては，違法と責任の混交によって全体的思考法に向かうのではないかという懸念が指摘されている。

(4) 構成要件の構造——犯罪類型の分類も含めて——

(a) 構成要件には，まず，その不可欠な要素として人の（狭義の）行為が規定されている。たとえば，刑法108条（現住建造物放火罪）は「放火」する行為を，169条（偽証罪）は「虚偽の陳述」をする行為を，199条（殺人罪）は「人を殺す」行為を規定している。108条や169条が行為の態様に関する記述を含むのに対して，199条は結果を引き起こす行為一般を規定している。構成要件に該当する行為を**実行行為**という。

　行為の主体については原則として制限はないが，たとえば，197条1項（収賄罪）の主体は「公務員又は仲裁人」に，247条（背任罪）の主体は「他人のためにその事務を処理する者」に限定される。このような主体に限定のある犯罪類型を身分犯とよび，共犯に関して特別の取扱いが定められている（65条）。法人が犯罪主体となりうるかについては，否定説と肯定説が対立している。否定説は，法人は①身体の動静たる行為をなしえず，②倫理的な非難の対象ともなりえず，③自由刑中心の刑罰システムになじまないことを理由とする。これに対して，肯定説は，①自然人である代表者を通じて法人も行為を行うことができ，②法人に対しても法的・社会的非難を向けることは可能であり，③罰金刑は法人に対しても十分適合性を有する，とする。いずれにせよ，現行法では，従業者の違反行為につき，この従業者と共に法人または自然人たる事業主を罰するという両罰規定（法人税法164条1項，独占禁止法95条1項など）の形で法人の処罰が認められている。

(b) 多くの犯罪類型では，実行行為とならんで，外界の変更としての**結果**が規定されている。たとえば，108条（現住建造物放火罪）では放火によって目的物を「焼損」したことが，199条（殺人罪）では行為により「人の死」を招

いたことが必要とされる（199条の「人を殺した者」という文言は実行行為と結果を一言で表現したものである）。このように構成要件上結果の発生を必要とする犯罪類型を**結果犯**という。もとより，ここでいう結果は，実行行為によって引き起こされたものでなければならない。したがって，結果犯では，実行行為と結果との間に**因果関係**の存在が必要となる。

これに対して，169条（偽証罪）や130条（住居侵入罪）では結果の発生は必要とされていない。このように構成要件上結果発生を必要とせず，実行行為のみによって構成される犯罪類型を**挙動犯**ないし単純行為犯という。挙動犯にあっても，審判作用を誤らせるおそれや住居の管理・支配権の侵害といった法益の侵害・危殆化が存在することはいうまでもない。それゆえ，有形的な結果の有無による結果犯—挙動犯の対置と，法益との関係に基づく侵害犯—危険犯の対置は明確に区別しなければならない。

侵害犯とは，現実に法益を侵害したことを必要とする犯罪であり，生命の侵害を内容とする殺人罪や，財物の（権限に基づく）所持を侵害する窃盗罪がこれに属する。これに対して，**危険犯**は，法益を危険にさらすことをもって足りる犯罪類型であり，さらに具体的危険犯と抽象的危険犯に分けられる。**具体的危険犯**とは，放火して建造物等以外の目的物を焼損し「よって公共の危険を発生させた者」を罰する110条（建造物等以外放火罪）のように，法文上，明示的に危険の発生が要件とされている犯罪類型である。これに対し，108条（現住建造物放火罪）や109条1項（他人所有の非現住建造物等放火罪），169条（偽証罪）などのように法文に危険の発生が規定されていない犯罪類型を**抽象的危険犯**という。かつては，抽象的危険犯では，法益侵害の危険は立法理由にすぎないから個別の事案において危険の発生は必要ないとする見解が支配的であった。しかし近時，刑法の目的を法益の侵害・危殆化の防止に求める見地から，法益に対して何の危険も及ぼさなかった場合まで処罰するのは刑法の目的を逸脱するとして，抽象的危険犯にあっても何らかの危険の発生を（不文の構成要件要素または違法要素として）要求すべきだとする見解が有力化している。たとえば，延焼のおそれのない原野の物置小屋に放火した場合には，109条1項の放火罪は成立せず，建造物損壊罪が成立するにとどまるとされる。この見解によれば，具体的危険犯と抽象的危険犯の相違は危険の程度の差にすぎない

ことになる。なお，侵害犯と危険犯を合わせて実質犯とよび，法益の侵害・危殆化を伴わない犯罪を形式犯とよぶこともあるが，刑法の目的にかんがみれば純粋な形式犯は認めるべきではない。

　一方，犯罪の終了と法益との関係という観点からは，即成犯，状態犯，継続犯という分類も可能である。**即成犯**とは，既遂になると同時に法益が消滅する犯罪類型をいう。たとえば，殺人罪（199条）では，既遂に達すると同時に生命という法益は失われてしまう。**状態犯**とは，法益侵害が発生し既遂に達すると同時に犯罪は終了するが，その後も法益侵害の状態が続く犯罪類型である。たとえば，窃盗罪（235条）では他人の財物を窃取して自らの支配下に移すことで犯罪としては終了しているが，その後も当該財物に関する被害者の利用・収益・処分が妨げられているという法益侵害状態は続いている。窃取した財物の運搬を手伝うなどしてこの法益侵害状態の維持に寄与したとしても，窃盗罪は終了している以上その共犯とはならず，別途，盗品運搬罪（256条2項）などが成立するにとどまる。また，公訴時効（刑訴法250条以下）は，財物を確保した時点から進行を始める。これに対して，**継続犯**とは，既遂成立後も法益侵害が継続し，その間も犯罪が継続する犯罪類型をいう。たとえば，監禁罪（220条）では，既遂成立後も監禁が継続している間は犯罪が継続し，途中から見張りを引き受けた者もその共犯となる。また，公訴時効は，監禁状態が解消された時点から進行する。

　(c)　行為と結果のほか，いくつかの犯罪類型では**行為状況**が規定されている。たとえば，消火妨害罪（114条）では，「火災の際に」消火用具を損壊するなどの妨害行為を行うことが必要とされる。また，行為後の条件を規定している犯罪類型もある。たとえば，事前収賄罪（197条2項）では，公務員になろうとする者が金品を収受したときは，その者が公務員になった場合に処罰すると規定されている。この種の条件については，政策的に付加された**客観的処罰条件**であって犯罪の要素ではないとする見解と，可罰的な程度の法益の侵害・危殆化をもたらす事情であって違法類型としての構成要件要素に属するとする見解が対立している。

　(d)　違法有責類型説ならびに行為無価値論型違法類型説からは，主観的構成要件要素として故意・過失が必要とされる（これに対して，結果無価値型違法

類型説からは故意・過失はもっぱら責任要素として考慮されることになる）。このような構成要件要素としての故意・過失を構成要件的故意・構成要件的過失という。**構成要件的故意**は，上述した構成要件の客観面の認識（および認容）を内容とし，**構成要件的過失**は，一般的に要求される注意を怠ったために構成要件の客観面を認識しなかったことを内容とする。犯罪は，その主観に応じて，殺人罪（199条）のように故意を要件とする故意犯，過失致死罪（210条）のように過失を要求する過失犯，傷害致死罪（205条）のように（原則として）故意による基本行為から予見していなかった結果を生じさせた結果的加重犯に分類される。

　このほか，通貨偽造罪（148条以下）などの**目的犯**では，「行使の目的」といった目的が必要とされる。通説によれば，目的犯の目的は行為の違法性を基礎づける事情であって主観的構成要件要素だとされる。これに対して，違法を客観的に解すべきとする立場からは，この目的は行使の客観的危険性とその認識（したがって故意）に解消すべきだとされたり，むしろ責任要素（責任類型としての構成要件要素）に位置づけられるべきだとされる。また，強制猥褻罪（176条）における性的衝動の満足といった**傾向犯**における主観的傾向や，偽証罪（169条）において「記憶に反して」供述することといった**表現犯**における心理過程も主観的構成要件要素とされることがある。

```
《構成要件の構造》
〔客観面〕                    因果関係
　結果犯：　実行行為――――――――――→結果

　挙動犯：　実行行為
　　　　　　　＊行為状況
〔主観面〕
　故意犯：構成要件の客観的要素の認識（および認容）＝構成要件的故意
　　　　　　＊目的犯の目的，傾向犯の主観的傾向，表現犯の心理過程

　過失犯：不注意による構成要件の客観的要素の不認識＝構成要件的過失
```

《犯罪の分類》

構成要件的結果の有無 ─┬─ 結果犯
　　　　　　　　　　　└─ 挙動犯（単純行為犯）

法益への影響度 ─┬─ 実質犯 ─┬─ 侵害犯
　　　　　　　　│　　　　　└─ 危険犯 ─┬─ 具体的危険犯
　　　　　　　　└─ 形式犯　　　　　　　└─ 抽象的危険犯

犯罪の終了時点 ─┬─ 即成犯
　　　　　　　　├─ 状態犯
　　　　　　　　└─ 継続犯

行為者の主観面 ─┬─ 故意犯
　　　　　　　　├─ 過失犯
　　　　　　　　└─ 結果的加重犯

ワーク 4　演習問題

【問】次のうち正しいものを選びなさい。　　　【法学検定試験3級程度】
(1) 放火罪は，結果犯であり侵害犯である。
(2) 窃盗罪は，侵害犯であり継続犯である。
(3) 偽証罪は，挙動犯であり危険犯である。
(4) 文書偽造罪は，目的犯であり侵害犯である。

（担当：松原芳博）

Lesson 5　不作為犯

1　不作為犯とは

　行為は，**作為**（ある動作をすること）と**不作為**（ある動作をしないこと）とに分けられる。ただし，不作為とは，何もしないこと（静止）を意味するのではなく，（法によって期待された）ある動作をしないことである。たとえば，刑法130条後段の不退去罪は，たとえ他人の家の中で動き回っていても，「退去する」という行為を基準にすれば，「退去しない」という不作為によって成立する。

　たいていの犯罪は，「人を殺す」(199条殺人罪)，「放火して，……焼損する」(108条放火罪)というように作為の形式で構成要件が規定されている。これを**作為犯**という。しかし，一部，不作為の形式で構成要件が規定されている場合がある。たとえば，107条の多衆不解散罪，130条後段の不退去罪，218条後段の保護責任者遺棄罪などがそうであり，これらを**真正不作為犯**という。これに対し，通常の作為犯を不作為によって実現する場合がある。母親が乳児にミルクをやらないで餓死させるような場合は不作為による殺人であり，これを**不真正不作為犯（不作為による作為犯）**という。

　条文に規定されている真正不作為犯に比べ，条文上の作為犯を不作為で実現する不真正不作為犯については，直接の処罰規定がないため，罪刑法定主義上の類推解釈の禁止に反するのではないかという疑問も出されている。しかし，母親が乳児にミルクをやらないで餓死させるというような行為は，まさに「人を殺す」行為そのものであり，殺人罪の構成要件は，作為によるものばかりでなく，不作為による場合も含んでいると考えられよう。ただし，積極的な作為と消極的な不作為を直ちに同一視することはできないので，不真正不作為犯の成立は，厳格な要件の下に慎重に認められなければならない。

```
行為 ┌ 作為
     └ 不作為
犯罪  作為犯
      不作為犯 ┌ 真正不作為犯（107条・130条・218条など）
              └ 不真正不作為犯（不作為による作為犯）
```

2　不作為犯の成立要件

不真正不作為犯の成立を認めるためには，法益侵害の結果をもたらした不作為が，作為と同等（**等価値**）であると評価されなければならない。そのためには，行為者に強い**作為義務**，単なる道徳的義務ではなく，当該構成要件の予定する法的な作為義務（**保障人的義務**）が課せられていることが必要である。そのような義務を有する特別の地位にある人は**保障人**（保障者）と呼ばれ，保障人が保障人的義務に反する不作為により，重大な法益侵害の結果を発生させて初めて，不真正不作為犯が認められる。

《不真正不作為犯の成立要件》
①作為義務（保障人的義務）　②作為可能性　③等価値性
《作為義務の発生根拠》
①法令　　②契約，事務管理
③慣習または条理
　　a）先行行為に基づく作為義務
　　b）管理者の地位に基づく作為義務

(1)　作為義務（保障人的義務）

不真正不作為犯が成立するためには，保障人的地位が認められる行為者が保障人的義務に違反することが必要である。子どもが川でおぼれかけているのを見過ごして死亡させた通勤途中のサラリーマンは，道徳的には非難されるが不作為の殺人罪に問われることはなく，その子どもを救助すべき特別の作為義務

のある者（保障人＝たとえばその子どもの親など）についてだけ，不作為の殺人罪の成否が問題となる。

　作為義務の発生根拠には，①**法令**の規定に基づくもの，たとえば，民法752条の夫婦の扶助義務，同820条の親権者の子に対する監護義務などがある。次に，②**契約，事務管理**によるもの，病人の看護や子どもの保育を内容とする契約や，契約によらずに他人を自宅に引き取って世話をするなどの事務管理に基づく作為義務がある。さらに，③**慣習**または**条理**に基づくものとして，以下のような場合が考えられる。まず，(i)**先行行為**に基づく作為義務として，自動車を誤って人に衝突させけがを負わせるなど，自己の過失行為から法益侵害の重大な危険を生じさせた者に，その結果発生を防止する義務がある。また，(ii)**管理者**の地位に基づく作為義務とは，たとえば，自己の管理するビルから出火した場合の火を消し止める義務などである。

(2) **作為可能性**

　以上のような作為義務が一般的・抽象的に認められても，具体的に**作為可能性**がなければ，不真正不作為犯は成立しない。たとえば，自分の子がおぼれかけているのを見た母親に救助すべき作為義務はあるが，母親が泳げない場合は作為可能性がなく，そのために子どもが死亡しても不真正不作為犯は成立しない。法は不可能を強いることはないからである。

(3) **等 価 値 性**

　不真正不作為犯が認められるためには，以上のように作為義務も作為可能性もある場合で，行為者の不作為が構成要件的に作為と**等（同）価値**であると評価される必要がある。たとえば，過失で人をひいた自動車運転者が負傷した被害者を放置して逃走した場合（ひき逃げ），道路交通法72条の救護義務違反の罪（真正不作為犯）は成立しても，直ちに不作為の殺人罪が認められるわけではなく，運転者の行為が作為で被害者を殺す行為と同視できるという意味での等価値性が要求される。具体的には，①引き受け（法益保護を引き受ける関係）があったか否か（たとえば，上の例では被害者を手当てのために移動させるなど），②支配領域性の有無（たとえば，被害者を自動車の助手席に乗せて，他人の救助可能性を排除する）などを考慮して，作為による殺人と同視できるかどうかを判断しなければならない。

3 具体的事例

(1) 不作為による殺人罪

判例で，不作為による殺人罪が認められた例として，過失により人をひいた自動車運転者が，重傷を負った被害者を助手席に乗せて病院に運ぶ途中怖くなり，死亡するかもしれないがそれもやむをえないと漫然と運転を続ける間に死亡させた事例（東京地判昭40・9・30下刑集7巻9号1828頁）がある。この事例では，先行行為に基づく作為義務，支配領域性，未必の故意（→Lesson 12 故意参照）がみとめられたが，同じひき逃げでも，被害者を自車に乗せて運ぶ途中，降雪中の車道に捨てて逃走し（被害者は一命をとりとめ）た事例では，最高裁は保護責任者遺棄罪を認めるにとどまっている（最判昭34・7・24刑集13巻8号1163頁）。

また，住込みの従業員に暴行を加えて重傷を負わせながら，医者にも見せずに死亡させた事例では，不作為による殺人罪が認められている（東京地判昭57・12・22判タ494号142頁）。

(2) 不作為による放火

不作為による放火を認めた判例としては，養父を殺害後，養父が死ぬ前に投げた燃木尻の火がわらに燃え移ったのを知りながら，犯跡を隠すために放置したという事案につき，「既発の火力を利用する意思」があるとして放火罪を認めた判例（大判大7・12・18刑録24輯1558頁），神棚のろうそくが神符の方に傾いているのを，火災保険金を目当てに放置した事案につき，放火罪の成立を認めた判例（大判昭13・3・11刑集17巻237頁），残業の従業員が火鉢の炭火の不始末からぼやを起こしたが，自己の失策が発覚するのを恐れて何らの消火措置もとらずに立ち去った事案につき不作為による放火罪を認めた最高裁判例（最判昭33・9・9刑集12巻13号2882頁）などがある。

> **ワーク 5** 演習問題

【問】 次の文章のうち，正しいものはどれか。　　【法学検定試験3級程度】
(1) 子供が川に落ちておぼれ，そばにいた泳げない母親が助けなかったために子供が死亡したときは，母親に保護責任者遺棄致死罪が成立する。
(2) 通勤途中のサラリーマンが，池に落ちておぼれている幼児を見つけた

が，会社に遅刻しそうなのでそのまま立ち去ったため，幼児は死亡した。サラリーマンには遺棄致死罪が成立する。

(3) 帰宅途中真冬の路上で酔った人が寝込んでいるのを見かけたが，放置したため死亡させたサラリーマンには，遺棄致死罪が成立する。

(4) 住込みの店員に暴行を加え重傷を負わせた店主が，このままでは死ぬかもしれないと思いつつ，自己の犯罪が発覚するのを恐れて医者にも見せずに放置したため店員が死亡した場合は，店主に殺人罪が成立する。

(担当：島岡まな)

Lesson 6　因果関係

1　意　義

　結果犯といわれる犯罪類型では，行為者の動作から区別された外界の変更としての「**結果**」が構成要件に規定されている（**構成要件的結果**）。これらの構成要件的結果は，行為者の実行行為によって引き起こされたものでなければならない。たとえば，殺人罪の「人を殺した」という構成要件は，行為者の行為によって人の死という結果が引き起こされたときに充足される。このような実行行為と構成要件的結果との間の原因—結果という結びつきを因果関係という（教唆行為や幇助行為と，正犯行為ないし正犯結果との間の因果関係も問題となるが，ここでは立ち入らない）。**因果関係**が否定される場合には，既遂犯の成立は否定され，未遂処罰規定が存する限度で未遂犯が成立するにとどまる。また，傷害致死罪のような結果的加重犯は，人の死といった加重結果と行為との間の因果関係が欠ける場合には成立せず，暴行罪や傷害罪といった基本犯が成立するにすぎない。刑法上の因果関係は，行為と結果との間の事実的または論理的関係を問う条件関係と，これに対する刑法的な評価を問う相当因果関係または客観的帰属連関という二つの段階から成り立っている。条件関係は，刑法的評価ではなくその前提となる事実関係であるから，犯罪論体系上は構成要件論ではなく，行為論に属するという見解もあるが，その起点と終点である実行行為と構成要件的結果が構成要件の段階で初めて特定する以上，具体的な犯罪成立要件としては，相当因果関係と共に構成要件該当性の段階で現れるものといえよう。

《刑法上の因果関係》
　　因果関係の事実的または論理的基礎──➤条件関係
　　因果関係の刑法的限定──➤相当因果関係または客観的帰属連関

2 因果関係の事実的基礎――条件関係
(1) 条件関係の判断方法――仮定的消去公式

　行為と結果とが事実として結びついていることが，刑法上の因果関係を認めるための出発点となる。たとえば，AはXに致死量の毒を飲ませたが，Xは毒が効く前にBによって撃ち殺されたという事例（【事例1】）では，Aの毒薬投与とXの死亡結果との間に事実上の結びつきは何も存在しないから，Aに殺人既遂の罪責を問うことはできない（このタイプの事案は，Aに発する因果の流れがBに発する因果の流れによって途切れてしまったというイメージから**因果関係の断絶**と呼ばれる）。このような事実上の結びつきを**条件関係**という。

　通説的見解は，この条件関係を「PなければQなし」という仮定的消去公式によって判断する。すなわち，もし当該実行行為がなかったとしたら事態はどのように推移していたであろうかを仮想し，「当該実行行為がなければ当該結果は発生しなかったにちがいない」といえれば，まさに当該実行行為こそが当該結果の原因にほかならないことになるから，条件関係は肯定されるとするのである。これを【事例1】に当てはめれば，「Aの毒薬投与がなかったとしてもXはどのみちBの発砲によって死亡していたにちがいない」から，Aの毒薬投与とXの死亡との間の条件関係は否定されることになる。それでは，Bの発砲とXの死亡との関係はどうであろうか。仮定的消去公式に当てはめれば，「Bの発砲がなかったとしてもXはどのみちAの毒薬によって死亡していたにちがいない」から，Bの発砲とXの死亡との条件関係もやはり否定されそうである。しかし，条件関係を検討するにあたっては，日時や形態において具体化された結果を念頭に置かなければならない。さもなければ，人はいつか死ぬのであるから，いかなる殺人行為も人の死亡との間に条件関係を有しないことになってしまう。このような**具体的結果観**からすれば，「Bの発砲がなかったとすればXの・その・時・刻・に・お・け・る・失・血・死・はなかった」といえるから，Bについては結果との間の条件関係を肯定して殺人既遂罪の成立を認めることができるのである。

(2) 択一的競合と条件関係

　これに対し，AとBが相互に意思の連絡なくXのグラスに各々致死量の毒薬を入れ，それを飲んだXは中毒死したが，AまたはBの一方の毒薬のみでもX

はそれと同時刻に同じ症状で死亡したであろうという**択一的競合**の事案（【事例2】）では、仮定的消去公式からは、Aの毒薬投入もBの毒薬投入もXの死亡に対して条件関係を有しないということになる。「Aの毒薬投入がなかったとしてもXはどのみちBの毒によって同時刻に同一の症状を示して死んでいたにちがいない」し、Bについても同様のことがいえるからである。この結論に対しては、Xは現に毒の作用で死んだのに毒を入れたAもBもその結果と因果関係を有しないというのはおかしいとの批判が提起されている。さらに、AとBが意思の連絡なく各々致死量の2分の1ずつの毒薬を入れたという場合（【事例3】）には、「A（B）の毒薬投入がなかったとしたら（グラスの毒は致死量に達していないから）Xは死ぬことはなかった」ということになって、A（B）の行為とXの死との間の条件関係の存在が肯定される（もっとも、Bの毒薬投入が予見不可能であった場合には相当因果関係が否定されうる）のに、より毒の量の多い【事例2】で条件関係が否定されるのは不均衡だ、とも批判される。

　そこで、多数説は、仮定的消去公式の適用にあたって、Aの行為とBの行為を一括して消去するという修正を加える（一括消去説）。この一括消去説からは、【事例2】は「AもBも共に毒薬を入れなかったとしたらXは死ぬことはなかった」といえるから、AB共にXの死に対して条件関係を有することになる。しかし、AB間に共犯関係が存在しないにもかかわらず両者を一括して消去してよい理由は明らかではない。また、一括消去を認めるならば、前述の【事例1】のような因果関係の断絶といわれるケースでも、「Aの毒薬投与もBの銃撃も共になかったとしたらXは死ぬことはなかった」といえるから、BのみならずAについてもXの死との間に条件関係が肯定されてしまう。この結論を避けるためには一括消去の認められる範囲を限定しなければならないが、一括消去説にはこのような限定の論理は含まれておらず、仮に何らかの限定を付したとしてもそれは結論の先取りであって循環論法の域を出ないであろう。

　これに対して、近時の有力説は、仮定的消去公式を放棄し、行為から結果へと至る具体的な事実経過が自然法則によって説明しうる場合に条件関係が認められるとする（合法則的条件説）。この見解によれば、【事例2】では、A（B）の投入した毒の作用がXに対して及んでいるといえるから、その間の条

件関係は認められるとされる。しかし，合法則的条件説においても，あくまで
Xの具体的な死がA（B）の投入した毒により引き起こされたということが自
然法則によって説明されねばならない。そうだとすれば，【事例2】では，致
死量の毒薬がXの体内に入りその性質に従って神経細胞等に働きかけたことは
法則的に解明されても，まさにそれによってXの死が引き起こされたことは説
明されていないから，合法則的条件説に立っても直ちに条件関係を肯定するこ
とはできないであろう。合法則的条件説は，一般的な性格を有する法則性を強
調するものであるため，致死量の毒薬の投入という行為の一般的な危険性（致
死力）のみをもって条件関係を肯定する方向に向かいやすいが，同説の論者も
説くとおり，あくまで具体的な結果との繋がりが法則的に説明されねばならな
いのである（なお，【事例2】は，しばしば「AB双方の毒が効いて（作用し
て）死亡した場合」という形で表現されるが，「効いて（作用して）」というの
が「結果を引き起こした」という意味であれば結論の先取りであるし，そうで
ないとしても条件関係の存在を肯定する方向に心理的に誘導しようとする点で
適切ではない。また，【事例2】は「ABいずれの毒が作用したか証明されな
かった場合」という形で提示されることもある。たしかに，択一的競合の事例
は現実には真偽不明という形で現れるであろうが，このような問題設定は「疑
わしきは被告人の利益に」という訴訟法上の原則の適用に関心を向けさせるこ
とにより，真に議論すべき実体法上の問題から目を逸らさせるおそれがある）。

　これに対して，択一的競合事例においても仮定的消去公式をそのまま適用し
て条件関係を否定しようとする見解（論理的結合説ないし回避可能性説）も有
力に唱えられている。この見解によれば，当該行為をやめることによって当該
結果を避けることができたといえる場合に初めて結果に対する事実的支配が認
められ，法益侵害の防止という観点から結果の発生を理由とする処罰が正当化
される。条件関係とは，このような支配関係にほかならない。したがって，択
一的競合事例では，行為を思い止まっても結果の発生は避けられないから条件
関係は否定すべきだとする。この結論は，択一的競合事例を因果関係断絶事例
の極限的な場合と考えれば決して奇異なものではない。とりわけ【事例2】を
修正し，Aが致死量の毒を投入した飲み物に地震で棚から落下した致死量の毒
が混入したという場合（自然現象との競合）（【事例4】）や，Aが致死量の毒

を投入した飲み物に被害者X自身が誤って（さらには自殺しようとして）致死量の毒を混入した場合（被害者自身の行為との競合）（**【事例5】**）を考えれば，むしろ条件関係を肯定することに違和感を感じるのではないだろうか。なお，【事例3】との比較は，AとBの毒の量を共に変動させることによって，結論の分かれる理由を覆い隠すものである。【事例3】でAに条件関係が肯定される理由は，【事例2】に比してAの毒が減ったからではなくBの毒が減ったからにほかならない。【事例2】と比較されるべきは，Aが致死量の毒を入れた飲み物にBが致死量の半分の毒を入れたという事例（この場合は，Aについては条件関係が肯定され，Bについては否定される）でなければならない。

　論理的結合説からは，さらに，死刑執行人を押し退けて自らボタンを押したという場合（**仮定的因果経過**が問題となる事案）（**【事例6】**）についても通説と異なる結論に至る。合法則的条件説はもとより，仮定的消去公式を用いる通説的見解も，死刑執行人がボタンを押すという仮定的な事実を付け加えて判断してはならないとして条件関係を肯定するのに対して，論理的結合説は，「もし行為者がボタンを押さなかったとしても結局執行人によって同時刻に押されていたにちがいない」から条件関係は否定されるとする。もっとも，論理的結合説の内部でも，仮定する事実の範囲については，行為者の行為以外のすべての予想される事象とするか，人の行為については法の期待に合致するものに限定するか，といった争いがある。

3　因果関係の刑法的限定──相当因果関係と客観的帰属連関
(1)　条件説・中断論・原因説

　以上のような条件関係のみによって刑法上の因果関係を認めるのが**条件説**（等価説）である。しかし，事実の無限の連鎖である条件関係だけでは，刑事責任の対象を適切に限定することはできない。たとえば，雷に打たれて死ぬことを期待して森に行くことを勧めたところ本当に雷が落ちて死んだという場合（**【事例7】**）にも，「もし森に行くように勧めなければ雷に打たれて死ぬことはなかったにちがいない」といえるし，Aが殺意を持ってBに切りつけ負傷させたところBは救急車で病院に運ばれる途中で交通事故に遇って死んだという場合（**【事例8】**）にも，「もしAが切りつけなければ，救急車に乗ることはなく，

交通事故で死ぬこともなかったにちがいない」といえるから，いずれも条件関係は肯定されることになる（合法則的条件によっても同じ結論に至る）。これらの事案で因果関係を否定するために，かつては，条件説を基本としつつも他人の故意行為や自然現象が介在した場合には因果関係が中断されるとする**中断論**や，結果に対する最有力条件（あるいは最終条件）のみを原因とみなす**原因説**（個別化説）が主張された。しかし，条件関係は「あるかないか」であって中断されることは論理的にありえないし，等価値の条件の中から最有力のものを選びだすことも非論理的で恣意的であるとの理由から，これらの見解は衰退していった。

(2) **相当因果関係説と判断基底**

これに代わって，今日では，条件関係の存在を前提として，その種の行為から（その種の）結果に至ることが経験上通常であるといえる場合に刑法上の因果関係を認めるという**相当因果関係説**が通説となっている。相当因果関係説は，さらに，いかなる事情を前提として経験上の通常性を問うか（判断基底）によって，①行為者の認識した事実（および認識しえた事実）を基礎とする**主観説**，②一般人にとって認識可能であった事実および行為者の特に知っていた事実を基礎とする**折衷説**，③行為時に存在していたすべての事実と行為後の予見可能な介入事実を基礎とする**客観説**とに細分化される。ＡがＸを殴ったところＸが脳梅毒に罹っていたため脳震盪で死亡したという事案（**【事例9】**）で，その相違をみよう。まず，主観説からは，ＡがＸの脳梅毒を知っている場合には，それを前提に判断し，脳梅毒に罹っている人を殴ることによって脳震盪で死ぬことは経験上通常であるから相当因果関係は肯定されることになる。これに対して，Ｘが脳梅毒に罹っていることをＡが知らなかった場合には，その事実は判断の前提から除外され，（健康な）人を殴ることによって脳震盪で死ぬことは通常考えにくいから相当因果関係は否定されることになる。次に，折衷説からは，一般人にはＸの脳梅毒の事実は知りえないから，Ａが特にそれを知っている場合にのみ判断の前提に組み入れられる。それゆえ，折衷説も，ＡがＸの脳梅毒を知っている場合には相当因果関係を肯定し，知らなかった場合には相当因果関係を否定することになる。最後に，客観説からは，Ｘが脳梅毒であったことは行為時の客観的な事実であるからそれを前提に判断し，相当因果関係

を肯定することになる。

　以上のうち主観説は，行為者の知らなかった（知りえなかった）事実をすべて除外する点で狭すぎると批判され，今日では支持を失っている。折衷説は，通説的な地位を占めるが，主観説と同様に，本来客観的であるべき因果関係が行為者の認識いかんによって変動を受けるのはおかしいと批判されている。たとえば，Ｘの脳梅毒を知っているＡが知らないＢに対してＸに暴行を加えるよう教唆した場合には，Ｂの暴行とＸの死との間には因果関係がないのに，それを教唆したＡとＸの死との間には因果関係が存在するという不自然な結論に至るというのである。客観説は，近時有力となっているが，行為時のすべての事実を前提とするのは一般化・抽象化により因果関係を限定しようとする相当因果関係説の本旨にあわないとする批判や，行為時の事実と行為後の事実とで異なって扱う理由がないとする批判が寄せられている。そこで，客観説の中には，行為時と行為後を区別することなく，注意深い一般人ないし科学的一般人に認識可能な事実を基礎とすべきだとの見解も提唱されている。

(3) 行為後の介入事情と相当性判断

　最近では，とりわけ，行為後に被害者や第三者の行為が介入した場合の因果関係が注目を集めている。第三者の介入としては，Ａが自動車の運転中に過失により衝突させて自動車の屋根の上にはね飛ばしたＸを同乗者Ｂがアスファルト路面上に引きずり落としたが，Ｘの死を引き起こした打撲が最初の衝突によるものか後の引きずり落としによるものかは確定できなかったという事案（最決昭42・10・24刑集21巻8号1116頁（因果関係否定））（**【事例10】**）や，ＡがＸに暴行を加えて意識不明の状態で資材置場に放置したところ，ＸはさらにＢにより殴打を受けたため脳出血が拡大して死期が若干早まったという事案（最決平2・11・20刑集44巻8号837頁（因果関係肯定））（**【事例11】**）などが問題とされ，被害者の行為の介入としては，柔道整復師ＡがＸから治療を依頼されて「高熱を出して雑菌を殺す」という誤った指示を与えたところ，Ｘはこれに忠実に従って死亡したという事案（最決昭63・5・11刑集42巻5号807頁（因果関係肯定））（**【事例12】**）や，スキューバダイビングの指導員Ａが夜間潜水の講習中に指示を与えないまま不用意に移動したため，残された受講生Ｘはパニック状態に陥り不適切な行動をとって溺死した事案（最決平4・12・17刑集46巻9号683頁（因果

関係肯定））(**【事例13】**) などが論じられる。

　これらの場合には，判断基底が問題となるのではなく，相当因果関係の判断構造そのものが問われることになる。折衷説であれ客観説であれ相当因果関係説の一般的な理解からは，介入事情が経験的に予見可能なものである場合には結果の発生も予見可能なものとして相当性が認められ，介入事情が予見不可能な場合には相当性が否定されることになる。これに対して，介在事情の予見可能性のみでは判断ファクターとして不十分であるとの批判が提起された。とくに【事例11】では，Bの殴打の介在は予見不可能だが因果関係は肯定されるべきだとするのである。そこで，近時，行為自体の危険性（**広義の相当性**）と因果経過の相当性（**狭義の相当性**）とを区別し，後者については，①判断基底を離れて経過を1コマ1コマみて相当といえるかどうかを判断すべきだとする見解，②行為の危険性の大小，介入事情の異常性の程度，介入事情の結果に対する寄与度を総合して判断すべきだとする見解，③単独で結果を生じさせる能力を有し行為によって増減を受けない独立の危険（一般的危険）が介在する場合は因果関係を否定すべきだとする見解などが提唱されている。しかし，①は，その判断の内実が明らかではなく，経過を1コマ1コマ追っていけばあらゆる場合に相当性が肯定されて条件説と同じ結論に至ってしまうと批判され，②③も「寄与度」や「一般的危険」の内実が明らかではなく循環論法に陥るおそれがあるし，そもそも本来等価的な条件の中で寄与度に差を付けることは論理的に不可能だという問題もある。【事例11】は——その結論の当否についても検討の余地があるが——結果の抽象化の程度に関わる問題であり，「その種の脳出血による死」という形で抽象化・一般化するならば，Bの殴打を予見不可能なものとして判断基底から除外したとしても，なお，Aの行為から「脳出血による死」に至ることは相当であって因果関係を肯定することができる。相当因果関係説は，もともと一般化・類型化により因果関係の範囲を限界づけようとするものであるから，行為と同様に結果についても一定の一般化・抽象化を認める余地はあるであろう。

(4) 客観的帰属論

　さらに最近では，このような相当因果関係の判断枠組みの動揺を背景として，相当因果関係説を離れ，危険という事実的観点と規範の保護目的等の規範的観

点の双方から類型に応じた多元的な下位基準を設けて刑法的な帰属連関を判断していこうとする**客観的帰属論**も提唱されるに至っている。この見解によれば，結果の客観的帰属連関は，基本的に，①行為によって許されざる危険が創出されたかという危険創出と，②創出された危険が，規範の保護目的に含まれる結果に実現されたかという危険実現とによって判断するものとされる。たとえば，(1)道路交通規則によれば1.5メートルの間隔をあけて追い越さなければならないところを0.75メートルしか間隔をあけずに自転車を追い越したために自転車を巻き込み，それに乗っていた被害者を死亡させたが，仮に1.5メートル間隔で追い越したとしても，被害者が酒に酔っていたため事故は避けられなかったであろうという場合には，規範に違反した追い越し行為によって，規範に適った行為に比べて結果発生の危険が高められたわけではないから，被害者の死亡という結果は規範違反行為に帰属されず（危険増加原理），(2) 2台の自転車が無灯火のまま前後して走行していたところ，先行の自転車が対向する自転車に衝突したという場合には，後行の自転車の無灯火運転は，もしこの後行車が灯火していれば先行車の事故は避けられたという意味で，事故に対して条件関係を有するけれども，灯火義務は，もっぱら自己の自転車による事故を防止することを目的とするから，先行車による事故はその目的外にあるものとして後行車の灯火義務違反には帰属されず（規範の保護目的の理論），(3)覚せい剤を他人に売ったところ買い主がこれを大量に使用して死亡したという場合には，被害者である買い主が危険を知りつつ自らの責任で覚せい剤を使用したのであるから，その死亡結果は，買い主の自己答責的行為に帰属されるべきであって，売主には帰属されない（自己答責性原理）とするのである。

　もともと，相当因果関係説も，事実としての因果関係そのものではなく，法的観点からその評価を問う点では客観的帰属を問題とするのであるが，いわゆる客観的帰属論は，この評価を因果関係論から切り離すとともに，規範的考慮を前面に押し出そうとする点に特徴がある。それだけに，客観的帰属論に対しては，「許されざる危険」や「規範の保護目的」というファクターを通じて過度の（行為）規範的な観点が導入されるのではないかという懸念が表明されている。

《因果関係学説》
　条件説（等価説）
　　＊中断論
　原因説（個別化説）
　相当因果関係説
　　判断基底による区別
　　　　｛ 主観説
　　　　　折衷説
　　　　　客観説
　　判断構造に関する近時の見解
　　　　｛ 広義の相当性と狭義の相当性の区別
　　　　　因果経過の1コマ1コマの相当性
　　　　　行為の危険性，介在事情の異常性，介在事情の寄与度
　　　　　一般的危険の介在による因果関係の否定
　客観的帰属論

ワーク 6　演習問題

【問】　以下の記述のうち正しいものを選びなさい。【法学検定試験2級程度】

(1)　Aは自動車の運転中に過失により自転車に乗っていたXに衝突させて自動車の屋根の上にはね飛ばしたが，Xは同乗者Bによってアスファルト路面上に引きずり落とされたことにより死亡したという場合，Aの行為とXの死との間の条件関係はBの行為によって断絶されるため否定される。

(2)　Aは，Xが脳梅毒に罹っていることを知りつつ殴打したところ脳震盪により死亡したという場合，折衷的相当因果関係説と客観的相当因果関係説とでは因果関係の存否に関して異なる結論に至る。

(3)　Aは，狩猟中に誤って仲間のXを撃ち重傷を負わせたが，Xの苦しむ

様子を見かねて心臓を撃ち抜き殺したという場合，Aの最初の発砲とXの死との間に条件関係は認められる。

(4)　Aは，Xに切りつけ負傷させたが，Xは運び込まれた病院で落雷による火災により死亡したという場合，折衷的相当因果関係説と客観的相当因果関係説とではAの行為とXの死との間の因果関係の存否に関して異なる結論に至る。

（担当：松原芳博）

Lesson 7　違　法　論

1　違　法　性
　構成要件に該当する行為のすべてが犯罪とされるわけではない。そのうち，違法かつ有責な行為だけが犯罪となる。違法性は，構成要件該当性に次いで，行為が犯罪とされるための第二の属性である。
　(1)　形式的違法性と実質的違法性
　形式的違法性とは，形式的に法律（法規）の規定に違反することをいい，**実質的違法性**とは，実質的に法（規範）に違反することをいう。形式的違法性のみを問題とする立場（**形式的違法性論**）では，違法か否かはすべて法律の規定によると考えるため，明文の規定のない違法性阻却事由（超法規的違法性阻却事由）は認められないことになる。そこで，通説は，犯罪成立要件としての違法性とは実質的違法性を意味すると解している（**実質的違法性論**）。
　(2)　規範違反説と法益侵害説
　違法性の実質（実質的違法性）の理解については，規範違反説と法益侵害説とが対立している。①　**規範違反説**は，違法性の実質を（社会倫理）規範違反に求める立場である。この説は，刑法の任務として社会倫理ないし道義の維持を強調する見地から，社会倫理・道義に反することが違法性の本質であると解している。もっとも，①説の中でも，規範自体は生活利益と結びついており，法益侵害のない抽象的な倫理規範違反は違法とはしないとする考えが主流である。わが国の①説の多くも，規範違反の側面だけではなく，法益侵害の側面をも考慮して違法性の内容を考えている。たとえば，違法性の実質を「社会的相当性を逸脱した法益侵害」と捉える見解（福田平）がこれである。とはいえ，①説は，行為者の主観面（意図・目的など）や行為態様といった法益侵害以外の要素も違法評価において考慮し，また，規範違反の法益侵害のみが違法であるとして，すべての法益侵害を違法とすることを回避しようとする。

②**法益侵害説**も，実質的違法性論に立脚し，法が規範である以上，違法性に規範的側面（規範違反性）があることは認めている。しかし，②説は，その規範違反性の内実こそ明確にすべき問題であるとし，違法性の実質を法益の侵害または危険に求めている。②説は，刑法の任務は法益の保護にあるとする見地から，刑法は法益の侵害・危険が生じたときにはじめて介入しうると主張するのである。たしかに，違法評価に際して行為態様も問題となるが，②説では，これは法益侵害の一般的危険性という客観的観点から考慮される。他方，こうした観点から把握されない純粋の主観的要素は，客観的たるべき違法判断においては考慮されないとする。また，②説も，すべての法益侵害を違法と考えているわけではない。たとえば，正当防衛の場合，防衛者が攻撃者の不正な法益を侵害しても，これに優越する正当な法益（利益）が保全されるときは，違法とはされない。したがって，②説においても，後述の法益衡量説または優越的利益説に基づいて，一定の法益侵害行為の違法性が否定されることになる。

```
形式的違法性論
実質的違法性論――――規範違反説あるいは法益侵害説
```

(3) **主観的違法論と客観的違法論**

違法評価に際して問題となる法規範とはいかなる内容のものか，また，その規範はこれを理解する者のみに向けられるのかが問題となる。

(a) 学説　　**主観的違法論**は，①法規範をもっぱら人の意思に対する命令・禁止（**意思決定規範**）と解する立場（**命令説**）に立ち，行為者はその命令・禁止に従った態度をとれたのに，命令・禁止に反して行為したから違法であると説き，そして，②命令・禁止（意思決定規範）は，その内容を理解して意思決定する能力のある者（**責任能力者**）にのみ向けられているとして，責任能力者だけが規範に違反して違法に行為するものと主張する。しかし，主観的違法論においては，違法性の内容に責任の問題を取り込んで考えており，もはや違法と責任の区別が否定されることになる。また，法規範が意思決定規範として機能するとしても，その論理的前提として，どのような事態が法の立場からみて望ましくないのかを予め客観的に評価しておかなければならない（**評価規範**）。

伝統的な客観的違法論は，評価規範としての法規範に違反することが違法であり，意思決定規範としての法規範に違反することが責任であると解している。そこでは，「違法は客観的に，責任は主観的に」という標語の下に，違法と責任を区別し，**責任なき違法**を認めている。ここで，「客観的」違法とは，**評価対象の客観性**を意味する。したがって，一方で，主観的要素は原則として違法評価の対象とはされない。他方，違法評価の対象は，人間の行為はもとより，自然現象や動物の行動（**違法状態**）をも含むとされている。

これに対し，**修正された客観的違法論**は，評価規範と意思決定規範のそれぞれが違法と責任の両場面において二重に作用すると解している。そして，法規範はあくまで人間の行為のみを対象とし（**違法状態の否定**），違法は一般人を名宛人とし，責任は個人を名宛人とすると主張する。これによれば，違法と責任の区別は，抽象的な一般人を基準とする「当為」の判断と，具体的な行為者個人を基準とする「可能」の判断の相違として捉えられる。この立場では，「客観的」違法とは，評価対象の客観性ではなく，**評価基準の客観性**を意味する。それ故，主観的要素も，一般人を基準とする当為の問題に関係するかぎり評価対象として考慮されることになる。

主観的違法論────責任能力者に向けた意思決定規範
　　　　　　　　　⇒責任能力者の行為のみが違法
伝統的な客観的違法論────事態に向けた評価規範
　　　　　　　　　⇒評価対象の客観性，違法状態の肯定
修正された客観的違法論─── 一般人に向けた評価規範と意思決定規範
　　　　　　　　　⇒評価基準の客観性，違法状態の否定

(b) 主観的違法要素　　**主観的違法要素**とは，行為に違法性を与えまたは行為の違法性を強める主観的要素をいう。また，行為が違法であるかどうかを決定するためには，外部的・客観的事情のみでなく，行為者の意思や目的などの内部的・主観的事情にも立ち入る必要があるとする見解を**主観的違法要素の理論**と呼ぶ。主観的違法要素は，広義では，すべての犯罪に共通の要素とされる故意・過失（一般的主観的違法要素）を含むが，狭義では，特定の犯罪につい

てのみ要求される特殊な主観的要素（特殊的主観的違法要素）が問題となる。一般に，後者に属するものとして，目的犯における目的（たとえば，通貨偽造罪（148条）における「行使の目的」），傾向犯における内心の傾向（たとえば，強制わいせつ罪（176条）における「自己の性欲を刺激興奮させ，または満足させるという性的意図」），表現犯における心理的過程（たとえば，偽証罪（169条）における「自己の記憶に反するという内心の状態」）が挙げられる。

　主観的違法論および修正された客観的違法論の立場からすると，主観的違法要素を認めることに支障はない。これに対し，伝統的な客観的違法論においては，主観的違法要素を認めるべきかは一つの問題であり，そこでは，否定説と肯定説の対立がある。もっとも，肯定説も，主観的要素が客観的要素を超えて法益の侵害・危険に新しい何ものかを付け加え影響する場合に限定して，例外的に主観的違法要素を認めている。たとえば，通貨偽造罪における**行使の目的**は，通貨の「偽造」という客観的構成要件要素の認識（故意）と区別され，しかも，この客観的構成要件の範囲を超えており（**超過的内心傾向**)，また，「行使の目的」をもって通貨を偽造した場合にはじめて違法性が生ずるとして，「行使の目的」を主観的違法要素と解しているのである。また，未遂犯においても，同様に，たとえば客観的な殺害結果が欠けているために，主観面の殺害意図が客観面を超えているとして，**未遂犯における故意**も例外的に主観的違法要素として捉えられている。

《客観的違法論と主観的違法要素の肯否》
　　修正された客観的違法論──基本的に肯定する
　　伝統的な客観的違法論───否定する見解あるいは例外的に肯定する見解

---

(4) 行為無価値論と結果無価値論

(a) 行為無価値と結果無価値　　結果（法益の侵害または危険）に焦点を当てた否定的評価（無価値判断）を**結果無価値**（結果反価値）といい，結果と切り離した行為それ自体の否定的評価（無価値判断）を**行為無価値**（行為反価値）という。

(b) 学説　　**行為無価値論**（人的不法論）とは，行為無価値が違法性を決定

すると解する立場である。すなわち，違法性の核心は，結果よりも，むしろ結果を惹き起こそうとする人の意思ないしそのような意思に基づく行為そのものにあると解している。この立場の特色は，概して，① 違法性の実質は法益の侵害・危険に尽きるものではなく，法益の侵害・危険に還元しえない要素（行為無価値）に独自の意義を認める点（規範違反説），② 修正された客観的違法論に立脚している点，③ 未遂犯における故意だけでなく，既遂犯における故意をも含めて，「故意」一般を主観的違法要素（主観的構成要件要素）として捉える点にみられる（故意を同時に責任要素と解するか否かについては見解の相違がある）。また，行為無価値論では，その他の主観的違法要素についても広く認められている（もっとも，傾向犯における内心の傾向をも主観的違法要素として認めるべきか，という点については，とくに争いがある）。なお，行為無価値論の中には，Ⅰ 行為無価値のみが違法性を決定し，結果は偶然の産物であって客観的処罰条件にすぎないとする**一元的行為無価値論**と，Ⅱ 結果無価値も行為無価値とともに違法性を決定すると考える**二元的行為無価値論**があるが，わが国の行為無価値論の多くは後者の立場である。

　結果無価値論（物的不法論）とは，結果無価値のみが違法性を決定すると解する立場である。すなわち，行為者の意思ないし行為自体よりも，その物理的結果を違法性の中核においている。この立場の特色は，概して，① 違法性の実質を法益の侵害・危険に求めている点（法益侵害説），② 伝統的な客観的違法論に立脚している点，③ 未遂犯の故意はともかくとして，「故意」一般を主観的違法要素とはしない点にみられる。ここでは，既遂犯の故意は責任要素と解されている（同時に主観的構成要件要素とする見解もある）。わが国の結果無価値論には，Ⅰ 主観的違法要素・主観的構成要件要素をいっさい認めない立場（内藤謙，中山研一など），Ⅱ 例外的に一定の限度で主観的違法要素・主観的構成要件要素を認める立場（平野龍一など），Ⅲ 主観的違法要素は認めないが主観的構成要件要素は認める立場（内田文昭，曽根威彦など）がある。

　行為無価値論─────規範違反説，修正された客観的違法論
　結果無価値論─────法益侵害説，伝統的な客観的違法論

(5) 可罰的違法性
(a) 意義　**可罰的違法性**とは，犯罪として刑罰を科すのに値する程度の質と量をもった違法性をいう。違法な行為のすべてが刑罰という強力な法効果を必要とするだけの違法性を具備しているわけではない。このように，たとえ行為が違法であっても，それが処罰に値する可罰的違法性の程度に達していないときは犯罪は成立しないとする理論を，**可罰的違法性の理論**と呼ぶ。この理論は，刑法における**謙抑主義**（刑法の謙抑性）を背景として，国家刑罰権の濫用を防止し，個々の事件について具体的妥当性のある結論を導くために展開されてきたものである。

(b) 違法性の質の問題　第一に，法域による違法性の質の違いが問題となる。たとえば，① 姦通は民法上違法であり裁判上の離婚原因となるが，刑法上は違法ではなく犯罪とはされていない。また，② 緊急避難により損害を生じさせた場合，民法上の損害賠償責任を負うとしても，刑法上は違法性が否定される（多数説）。第二に，犯罪による違法性の質の違いが問題となる。たとえば，③ 森林窃盗は，森林法上の窃盗罪（197条）を構成するとしても，刑法上の窃盗罪（235条）には当たらない。また，④ 医師資格のない者が行う手術は，医師法上の無免許医業罪（17条・31条1項1号）を構成するとしても，直ちに刑法上の傷害罪（204条）が成立するわけではない。

(c) 違法性の量の問題　第一に，被害法益がきわめて軽微な場合（絶対的軽微型）が問題となる。たとえば，他人の花壇から花一輪をつみ持ち去ったとしても，窃盗罪としては処罰されない。また，いわゆる一厘事件はとくに有名である。すなわち，煙草耕作者が旧煙草専売法48条1項に反して，（旧）専売公社に納入すべき葉煙草7分（約2.6グラム，価格1厘程度）を自分で吸ってしまったという事案において，大審院は，「零細ナル反法行為」に刑罰を科す必要はないとして，無罪を言い渡した（大判明43・10・11刑録16輯1620頁）。第二に，被害法益（侵害法益）自体は必ずしも軽微ではないが，当該行為により保全された法益（保全法益）との比較において違法性の程度が比較的軽微といえる場合，つまり侵害法益が保全法益よりもわずかに上回る場合（相対的軽微型）にも，可罰的違法性が否定される。これは，従来，とくに労働・公安事件などにおける法益衝突の場面で問題とされてきた（たとえば，仙台高判昭48・10・8刑月

5巻10号1364頁)。

> 《「可罰的違法性の理論」のポイント》
> 　違法性の質——「法域による違法性の質」と「犯罪による違法性の質」
> 　違法性の量——「絶対的軽微型」と「相対的軽微型」

　(d)　**犯罪論体系との関係**　可罰的違法性の理論を犯罪論体系のいかなる段階で問題とするか，という点については見解の対立がある。すなわち，可罰的違法性を欠く場合には，Ⅰ　もっぱら構成要件該当性が否定されるとする見解と，Ⅱ　構成要件該当性が否定される場合と，構成要件該当性は肯定されるが刑法上の違法性が否定される場合とがあるとする見解がある。後者の見解が多数説である。前記(b)の①③および(c)の絶対的軽微型の場合には，構成要件該当性が否定されるが，前記(b)の②④および(c)の相対的軽微型の場合には，構成要件該当性は肯定されるが可罰的違法性が阻却（否定）されるものと考えられる。

2　違法性阻却事由
(1)　意　義
　構成要件に該当する行為は，通常は違法である。しかし，特殊な事情が存在する場合には，行為は構成要件に該当しても違法性が阻却（否定）され適法となる。このような事情を**違法性阻却事由**（正当化事由）という。これに対して，行為の違法性が完全には阻却されない（正当化されず適法とはされない）が，その違法性の質または量が可罰的な程度に達しないものとする事情を**可罰的違法性阻却事由**という。

(2)　違法性阻却事由の分類
　違法性阻却事由は，通常，次の二つの観点から分類される。第一に，法律に明文で規定されている**法定的違法性阻却事由**と，明文で規定されていない**超法規的違法性阻却事由**とが区別される。第二に，通常の事態においてすでに許容される**常態的違法性阻却事由**と，緊急状況において自己または第三者の法益を保全するために他人の法益を侵害する緊急行為を許容する**緊急的違法性阻却事**

由とが区別される。刑法は，① 法定的・常態的違法性阻却事由として，法令行為 (35条前段) と正当業務行為 (35条後段)，② 法定的・緊急的違法性阻却事由として，正当防衛 (36条) と緊急避難 (37条) を規定している（もっとも，緊急避難の法的性質については争いがある〔Lesson 9参照〕）。③ 超法規的・常態的違法性阻却事由としては，被害者の承諾などがあり，さらに，④ 超法規的・緊急的違法性阻却事由として，一般に，自救行為と狭義の超法規的違法性阻却事由が挙げられる。また，ドイツでは，従来より，義務の衝突も超法規的・緊急的違法性阻却事由の一つとして広く認められてきたが，わが国でもしだいに承認されるようになっている。

　法定的・緊急的違法性阻却事由（正当防衛〔Lesson 8〕，緊急避難〔Lesson 9〕）および超法規的違法性阻却事由（その他の違法性阻却事由〔Lesson 10〕）に関しては，後に詳しく検討するので，ここでは，法定的・常態的違法性阻却事由 (刑法35条) の内容についてみておくことにする。

(3) 刑法35条（正当行為）

> **刑法35条（正当行為）**　法令又は正当な業務による行為は，罰しない。

　(a)　**法令行為**　法令による行為（法令行為）は，構成要件に該当するとしても違法性が阻却される。**法令行為**とは，法律・命令その他の成文法規により権利または義務として認められた行為をいう。法令行為の種類として，次のようなものがある。

　① 公務員の職務（職権）行為　これには，まず第一に，直接に法令に基づいて行われる行為（たとえば，死刑・自由刑の執行 (刑法11条ないし13条)，刑事訴訟法に基づく被疑者・被告人の逮捕・勾留 (60条・199条)，住居に立ち入って行う捜索 (102条) など）と，第二に，上官の職務命令に基づいて行う行為がある（ただし，違法な命令に対しては拒否すべき義務がある）。

　② 私人の権利行為　たとえば，親権者の子に対する懲戒行為 (民法822条)，校長・教員による学生・生徒・児童に対する懲戒行為 (学校教育法11条)，私人による現行犯逮捕 (刑事訴訟法213条) などが挙げられる。

　③ 政策的理由から違法性が阻却される行為　競馬の馬券や競輪の車券を

発売する行為などは，富くじ発売罪の構成要件に該当するが，財政政策的な理由から違法性が阻却される（競馬法5条，自転車競技法9条）。

④　法令により注意的に適法性を明示した行為　たとえば，医師の認定による人工妊娠中絶は，業務上堕胎罪の構成要件に該当するが，一定の身体的，経済的または倫理的な理由が存する場合には，違法性が阻却される（母体保護法14条）。

(b)　正当業務行為　正当な業務による行為（正当業務行為）は，構成要件に該当するとしても違法性が阻却される。**正当業務行為**とは，一般社会生活において正当な業務として認められている事務を構成する行為をいう。ここにいう**業務**とは，社会生活において反復継続して行われる性格の事務であれば足り，必ずしも経済的な対価を追求する職務である必要はない。正当業務行為として，たとえば，医師の治療行為，プロ・スポーツの競技，弁護士の弁護活動，新聞記者の取材活動，牧師の牧会活動などが認められている。

正当業務行為として違法性が阻却されるためには，① その業務が一般社会生活において正当なものと認められ，かつ業務を構成する個々の行為も正当とされることが必要である。② それぞれの業務において類型化されている一定の行動準則（プロ・ボクシングのルールなど）が重要な意味をもつが，当該具体的行為が適法とされるかどうかは，違法性阻却の一般原理に照らして個別的に判断されなければならない（違法性阻却の一般原理については，後述の(4)参照）。③ 原則として相手方の承諾を必要とする。

(c)　刑法35条の適用範囲

正当業務行為について違法性が阻却されるのは，それが業務行為だからではなく，その業務行為が正当だからであるとされている。そこで，業務行為ではなくても，一般に正当とされる行為（正当行為）であれば，刑法35条が適用されるのではないか，という点が問題となる。刑法35条の射程を広く解してゆけば，それに応じて超法規的違法性阻却事由の範囲が縮小されることになる。

Ⅰ　肯定説は，刑法35条は法令行為や正当業務行為だけでなく「その他の正当行為」をも含むと解している（多数説）。もっとも，そこでいう「その他の正当行為」の範囲をいかに解すべきかが問題となる。肯定説を大別すると，「その他の正当行為」には，(i)刑法が明文で類型を規定した事由以外のすべて

の違法性阻却事由が含まれると解する説，(ⅱ) 緊急的違法性阻却事由は含まれないが，常態的違法性阻却事由のすべてが含まれると解する説，(ⅲ) 常態的違法性阻却事由のうち社会的相当行為のみが含まれると解する説がみられる。また，とりわけ，被害者の承諾，自救行為，義務の衝突などのうち，いずれが「その他の正当行為」に含まれるかという観点から検討すると，学説はさらに多岐に分かれることになる。Ⅱ 否定説は，刑法35条は法令行為と正当業務行為に限定して規定したものと解している。

(d) 労働争議行為などの法的性格　労働争議行為とは，労働関係の当事者がその主張を貫徹することを目的として行う行為およびこれに対抗する行為であって，業務の正常な運営を阻害するものをいう。労働争議行為は，威力業務妨害罪，脅迫罪，強要罪，住居侵入罪などの構成要件に該当するとしても，一定の場合には違法性が阻却される (労働組合法1条2項参照)。しかし，その場合にも，労働争議行為の法的性格をいかなるものとして理解すべきかという点については争いがある。とりわけ，① 法令行為として捉える見解 (吉川経夫，曽根威彦，内藤謙，西原春夫など)，② 正当業務行為として捉える見解 (山口厚)，③ 法令行為や正当業務行為とは区別しながらも，刑法35条の射程内にある一般的正当行為として捉える見解 (内田文昭，川端博，前田雅英，松宮孝明など)，④ 刑法35条の射程外とされる超法規的違法性阻却事由としての正当行為 (社会的相当行為) と解する見解 (植松正) が主張されている。また，労働争議行為に関しては，可罰的違法性が阻却されるか否かという点も問題となりうる。

また，とくに，アマチュア・スポーツの法的性格についても，正当業務行為における「業務」概念の理解および刑法35条の適用範囲の問題とも関連して争いがある。学説には，① プロ・スポーツと同様に，反復継続性のあるアマチュア・スポーツは正当業務行為として捉えられるとする見解 (岡野光雄，佐久間修，西原春夫など)，② プロ・スポーツを正当業務行為として捉えるが，アマチュア・スポーツを刑法35条の射程内にある一般的正当行為として捉える見解 (内田文昭，大谷實，立石二六など)，③ プロ・スポーツとアマチュア・スポーツをともに刑法35条の射程内にある一般的正当行為として捉える見解 (船山泰範)，④ プロ・スポーツを正当業務行為として捉えるが，アマチュア・スポーツを刑法35条を超えた社会的相当行為として捉える見解 (生田勝義，植松正，曽根威彦) などがある。

58　第2章　犯罪論の基礎

(4) 違法性阻却の一般原理

(a) **実質的違法性論との関係**　犯罪成立要件としての違法性を実質的に解する立場（**実質的違法性論**）からは，その裏面である違法性阻却の問題も実質的観点から捉えられることになる。**違法性阻却の根拠**（一般原理）については，違法性の実質をどう理解するかに対応して見解が分かれている。違法性阻却の一般原理は，法定的違法性阻却事由の解釈にとって重要なだけでなく，超法規的違法性阻却事由の要件論にとっても重要となる。

① **規範違反説**に立つ考え方として，目的説と社会的相当性説がある。

目的説とは，国家によって承認された共同生活の目的を達成するために相当な手段と認められる場合には，行為は違法ではないとする見解をいう。ここでは，標語的に，「正当な目的のための相当な手段」が違法性阻却の一般原理とされている。

社会的相当性説とは，行為が歴史的に形成された社会生活秩序の枠内にあり相当と認められること（社会的相当性）が違法性阻却の一般原理であるとする見解をいう。

② **法益侵害説**に立つ考え方として，法益衡量説と優越的利益説がある。

法益衡量説とは，法益の侵害が他のより高い価値の法益を救うことになる場合には，行為の違法性は阻却されるとする見解をいう。そこでは，違法性阻却の判断において，法益の価値衡量が決定的な役割を果たしている。

優越的利益説とは，法益の衡量のほかに個別具体的ケースにおける全事情を考慮して包括的に利益の比較衡量を行い，優越的利益を保全する行為は違法性が阻却されるとする見解をいう。利益衡量説とも呼ばれ，優越的利益の原則を違法性阻却の根拠としている。そこでは，法益の一般的価値順位だけでなく，保全法益に対する危険の程度，保全法益と侵害法益の量と範囲，法益侵害の必要性の程度，行為の方法・態様がもつ法益侵害の一般的危険性の程度などが具体的に考慮される。

《違法性の実質と違法性阻却の一般原理》
　　規範違反説――――目的説あるいは社会的相当性説
　　法益侵害説――――法益衡量説あるいは優越的利益説

(b) **違法性阻却一元論と違法性阻却多元論** そもそも，すべての違法性阻却事由を統一的な一個の原理により説明しうるかは一つの問題である。この点については，これを肯定する立場（違法性阻却一元論）と，これを否定する立場（違法性阻却多元論）との対立がある。わが国の規範違反説に立脚する上記の見解は，すべての違法性阻却事由を統一的に把握しようとするものであるが，法益侵害説に立脚する見解においては，この点をいかに説明するかが問題となる。

たとえば，正当防衛や緊急避難のような**優越的利益の原則**に基づく違法性阻却事由と，被害者の承諾のような**法益の要保護性不存在の原則**に基づく違法性阻却事由とを区別し，二元的に説明しようとする見解がある。また，ドイツでは，同価値の作為義務と作為義務の衝突（たとえば，父親が同時に溺れている二人の子供の一方しか救助しえない場合）においては，優越的利益の原則は妥当せず，「不可能なことは何人も義務づけられない」（impossibilium nulla obligatio est）という原則によりはじめて正当化が認められるとする見解が通説である。

ワーク 7　演習問題

【問】　以下の記述のうち，誤っているものをすべて選びなさい。

【法学検定試験3級程度】

(1) 実質的違法性論の立場からは超法規的違法性阻却事由が認められることになるが，超法規的違法性阻却事由の範囲は，刑法35条の適用範囲をいかに解するかにより左右される。

(2) 主観的違法論からは，責任能力のない者の行為も動物の行動も違法とは評価されないのに対して，客観的違法論からは，責任能力のない者の行為も動物の行動も常に違法と評価されることになる。

(3) 殺人罪と過失致死罪との間で法定刑に著しい差異がある理由は，行為無価値論によれば，両罪では違法性の程度にも相違があるからだと説明されるが，結果無価値論によると，違法性の段階では両罪は区別されない。

(4) 行為無価値論からは，主観的違法要素が肯定されることになるのに対して，結果無価値論からは，主観的違法要素が常に否定されることになる。

(5) 電話の無料通話を可能にするマジックホンと称する機器を電話回線に取り付け，1回だけ通話して電話料金10円の支払いを免れたという場合でも，偽計業務妨害罪の可罰的違法性が肯定される。

(担当：勝亦藤彦)

Lesson 8 正当防衛

> 第36条（正当防衛） ① 急迫不正の侵害に対して，自己又は他人の権利を防衛するため，やむを得ずにした行為は，罰しない。
> ② 防衛の程度を超えた行為は，情状により，その刑を減軽し，又は免除することができる。

1 正当防衛とは

他人から攻撃を受けたので，それに対して反撃をし，逆に相手を侵害した場合でも，犯罪が成立しないとするのが**正当防衛**である。この場合，法益を侵害しているのであるから，行為者の行為は構成要件該当性を具備するが，正当防衛を理由に違法性が阻却され，犯罪とはならない。刑法36条はこの正当防衛を規定しており，「犯罪の不成立」の一類型として挙げている。

2 正当防衛の正当化根拠

正当防衛が違法性阻却事由として認められる根拠は何であろうか。まず，考えられるのが，自らの権利を防衛するためという「**自己保存の本能**」を理由とする観点である。何人も自らの正当な権利の実現を妨げられることはないのである。次に考えられるのが，正義の実現という観点である。この観点からすれば行為者は法秩序のために違法な攻撃者を撃退していることになる。これは一般に「**法確証の原理**」や「**法は不正に屈せず**」という言葉で説明されている。正当防衛はこの二つの観点，両方を加味して根拠付けられる。

3 正当防衛の要件

(1) 「急迫不正の侵害」

(a) 「急迫」　判例によれば、「急迫」とは「法益の侵害が現に存在しているか、または間近に押し迫つていること」であり、しかも、「その侵害があらかじめ予期されていたものであるとしても、そのことからただちに急迫性を失うものと解すべきではない」（最判昭46・11・16刑集25巻8号996頁）とされる。しかし、他方で「侵害の急迫性を要件としている趣旨から考えて、単に予期された侵害を避けなかつたというにとどまらず、その機会を利用し積極的に相手に対して加害行為をする意思で侵害に臨んだときは、もはや侵害の急迫性の要件を充たさないものと解するのが相当である」（最決昭52・7・21刑集31巻4号747頁）として予期した機会を利用して積極的加害意思で侵害に臨んだ場合には、侵害の急迫性が欠けるとしている。緊急避難の「現在」と同義で、法益侵害が差し迫っていることを意味している。

(b) 「不正の侵害」　不正、すなわち違法な侵害が前提となるので、正当防衛に対して正当防衛はできない。動物が襲いかかってきたので、これを殺害した場合、正当防衛とされるかといういわゆる**対物防衛**の問題については、争いがある。通説は、刑法の規範は人間に向けられたものであるので、動物は不正の侵害をすることができず、よって動物に対して正当防衛はできないと解している。この考え方からは、動物を殺害した行為は正当防衛ではなく、緊急避難として論じられることになる。反対有力説は、一般に結果無価値論に依拠し、動物が襲いかかってきて、法益侵害が発生しそうになっているのであるから、攻撃したもの（者・物）が人間であろうと動物であろうと違法状態が存在するので、正当防衛が認められてしかるべきであるとする。緊急避難では法益衡量ないし利益衡量が要求されるのに対して、正当防衛にはそのような要件はないので、この説によれば、より幅広い反撃が可能となり、襲いかかられた人の保護に厚いといえる。また、さらに別の見解として、対物防衛の事例は民法上は民法720条2項で違法でないのであるから、刑法の補充性にかんがみれば、民法上違法でないものは刑法上違法でないのは明らかであり、民法720条2項を適用あるいは準用して正当化を認める説もある。最近主張されるようになってきた防禦的緊急避難という考え方もこの系統に属する。いずれにしても緊急避

難の厳格な法益衡量ないし利益衡量ではなく，より緩やかな衡量を行おうとするものであり，結論的には正当防衛を認める説とほとんど差がなくなる。なお，対物防衛の事例を考える上で注意しなければならない点がある。もし襲いかかってきた動物が野犬など誰の財物でもないならば，そもそも器物損壊等の構成要件に該当しない。また飼い主がその動物をけしかけるなど，飼い主自身の故意・過失が認められれば，それは飼い主自身の侵害行為であり，正当防衛が否定されるわけではない。よって対物防衛が問題となるのは，①飼い主の故意・過失なく動物が襲いかかってきた場合と②野生動物であるが，鳥獣保護法等の特別法によって保護されている場合である。

(2) 「自己又は他人の権利」

正当防衛は自己のためだけではなく，他人のためにも行うことができる。これを第三者のための緊急救助と呼ぶ。

(3) 「防衛するため」

(a) 防衛の意思　　正当防衛の成立要件として**防衛の意思**は必要であろうか。通説・判例はこれを必要と解している。したがって，防衛の意思は，正当防衛の主観的要件とされる。これに対して結果無価値論的なアプローチを採る反対有力説は防衛の意思を正当防衛の成立要件として必要としていない。例えばAが日頃から関係の悪かったBを射殺したところ，実はBもAの足元に仕掛けた爆弾のスイッチを押す直前であったので，結果的にAの生命が救われたという偶然防衛の事例を考えてみよう。本事例では防衛の意思が欠けており，よって通説・判例では正当防衛は成立せず，殺人罪が成立する。逆に反対有力説によれば，この事例では正当防衛の客観的要件はすべて具備されているのであるから，まさに正当防衛にあたり，違法性が否定される。さらに，第三の見解として，殺人未遂罪が成立すると説くものもある。正当防衛の成立要件を客観的要件（結果無価値の問題）と主観的要件（行為無価値の問題）に分け，本事例では主観的要件が欠けるだけなので，結果無価値は存在しないが，行為無価値が存在するという未遂犯の構造に合致し，よって殺人未遂罪にあたるとする。「人が一人死んでいるのに未遂とはこれ如何に？」という批判もあるが，刑法では自然主義的評価ではなく，刑法的な規範的な評価が問題なのであって，先の批判は必ずしも的を射ているわけではない。

(b) **防衛の意思の内容**　防衛の意思が必要と解されるとしても，次に防衛の意思の内容が問題となる。とくに緊急行為たる正当防衛という時間的にも心理的にも切羽詰った状態で，行為者がどこまで落ち着いて「防衛のためにやっている」と考えながら行動できるかは難しい問題である。しかしこの点について判例・通説は必ずしも厳格な意味で防衛のための意思を要求しているわけではなく，緩やかな反撃の意思で十分としており，よって正当防衛に防衛の意思を要求したとしても不都合を生じるわけではない。判例も「攻撃を受けたのに乗じ積極的な加害行為に出たなどの特別な事情が認められないかぎり，被告人の反撃行為は防衛の意思をもつてなされたものと認めるのが相当である」（最判昭46・11・16刑集25巻8号996頁）および「防衛に名を借りて侵害者に対し積極的に攻撃を加える行為は，防衛の意思を欠く結果，正当防衛のための行為と認めることはできないが，防衛の意思と攻撃の意思とが併存している場合の行為は，防衛の意思を欠くものではない」（最判昭50・11・28刑集29巻10号983頁）として，積極的な加害意思のある場合には，防衛の意思を認めず，よって正当防衛を否定し，逆に積極的加害意思がない場合には，攻撃の意思と防衛の意思の並存を認め，正当防衛の成立を妨げていない。思うに，正当防衛で人を殺害する行為は殺人罪の構成要件に該当しており，したがって構成要件的故意，すなわち殺人の故意を充足している。このような通説の理解からすれば，防衛の意思と殺人の故意が並存することはが論理的に当然のことで，矛盾するものではなく，判例の立場とも相容れるものである。

(4) **「やむを得ずにした行為」**

正当防衛では緊急避難と異なり，法益衡量ないし利益衡量は必要ではない。このことから正当防衛は緊急避難に比べて幅広い反撃の余地が認められている。正当防衛は緊急避難と異なり「不正」に対抗するものであるから，法は正当防衛者に対して緊急避難と比してより要件が緩やかとなっている。しかし，このことは正当防衛としての反撃行為が無限定になされてよいということではない。通説・判例は，「**防衛行為の必要性**」と「**相当性**」という二つの観点から絞りをかけている。

判例は「刑法36条1項にいう『已ムコトヲ得サルニ出テタル行為』とは，急迫不正の侵害に対する反撃行為が，自己または他人の権利を防衛する手段とし

て必要最小限度のものであること，すなわち反撃行為が侵害に対する防衛手段として相当性を有するものであることを意味するのであつて，反撃行為が右の限度を超えず，したがつて侵害に対する防衛手段として相当性を有する以上，その反撃行為により生じた結果がたまたま侵害されようとした法益より大であつても，その反撃行為が正当防衛行為でなくなるものではないと解すべきである」（最判昭44・12・4刑集23巻12号1573頁）として，必要性と相当性を要求し，発生した侵害の結果が守られた利益よりも大きくても，正当防衛を認めている。この「必要性」と「相当性」という用語は必ずしも明確なものではない。そのため，学説の中には「相当性」という要件をはずして，「必要性」という要件だけで検討しようとするものもある。また，相当性という要件を認めるにしても，「行為の相当性」が問題になるのか，あるいは「結果の相当性」が問題になるのかをめぐって議論がある。通説は，行為の相当性を問題とするのに対して，反対説は結果の相当性を問題としている。この問題との関連で，最高裁は，被告人が相手方からいきなり鉄パイプで殴打され，一旦は被告人が鉄パイプを取り上げ相手方を1回殴打したが，相手方は，これを取り戻して殴りかかろうとした際，勢いの余り2階手すりに上半身を乗り出してしまい，被告人が相手方の片足を持ち上げ同人を階下の道路に転落させ重傷を負わせた事例について急迫不正の侵害及び防衛の意思の存在を認めた上で，全体として防衛のためにやむを得ない程度を超えたものとして過剰防衛の成立を認めている（最判平9・6・16刑集51巻5号435頁）。ここでは，侵害の強さと防衛行為の持つ危険性が衡量されているといえ，「行為の相当性」を問題にしているといえる。

(5)　「罰しない」

　正当防衛の法的性質は違法性阻却事由ないし正当化事由であり，構成要件に該当する行為の違法性が否定される。

4　挑発防衛

　行為者自らが相手を挑発し，そして攻撃を仕掛けてきたのに乗じて，正当防衛という形で相手を侵害した場合を**挑発防衛**ないし**自ら招いた正当防衛状況**という。この場合，防衛行為自体は正当防衛の各要件を具備している。判例は，不正の行為により自ら侵害を受けるに至った場合においても，なお正当防衛権

を行使することを妨げない（大判大3・9・25刑録20輯1648頁）として正当防衛の成立を認めているが，学説は一般に否定的で，正当防衛権の濫用や防衛の意思の欠如，相当性の逸脱などを理由に正当防衛の成立を否定している。また，防衛行為自体の正当化には触れずに，原因において違法な行為の理論に基づき，挑発行為に可罰性を求める見解もある。論者によってさまざまな視点から解決が試みられているが，最初から相手を侵害する確固たる目的で正当防衛を利用して相手を侵害した場合，当該行為に防衛の意思が存在すると考えることは論理的自己矛盾であり，よって防衛の意思が欠如していると考えるべきであろう。これに対して，過失で挑発したような場合は，挑発行為者の要保護性が欠如ないし減少していると考えるべきであり，やむを得ずにした行為か否かが検討される。

5　誤想防衛・過剰防衛

(1)　誤想防衛

　刑法36条は正当防衛の要件を掲げており，これが一つでも満たされなければそれは正当防衛ではない。たとえば行為者が自分が正当防衛の状況にあると誤信して反撃した場合，正当防衛の客観的要件が備わっていないので，それは正当防衛ではない。たとえば，暗がりで向こうから大男がバットを振り上げて大声で叫びながら近づいてきたので，正当防衛の状況だと考え，相手を殺害したが，実はそれは一緒に野球をやろうと声をかけてきた友人だったという場合，正当防衛の主観的要件（防衛の意思）は存在するが，客観的要件が欠けており，正当防衛ではない。このような事例は，**誤想防衛**と呼ばれ，**正当化事情の錯誤**ないしは**違法性阻却事由の前提事実についての錯誤**として論じられている。通説によれば，当該行為はもはや故意犯ではなく，過失犯として処罰されうる（詳細は，Lesson 13　錯誤　参照）。なお，客観的に急迫不正の侵害は存在しているが，正当防衛行為が相当性の程度を超え，しかも行為者は自分の行為が相当性の範囲内にあると思っていた場合も誤想防衛のカテゴリーに含まれる。

(2)　過剰防衛

　刑法36条2項によれば，防衛の程度を超えた場合，減軽・免除の可能性が認められている。行為者が正当防衛の相当性を逸脱した場合，この**過剰防衛**が問

題となる。条文上「情状により，その刑を減軽し，又は免除することができる」と規定されており，構成要件に該当する違法で有責な行為として犯罪ではあるが，当該状況下での過剰な防衛行為は無理もないので，減軽・免除されうるのである。とくに恐怖・驚愕・狼狽等による防衛の程度を超えた行為は期待可能性が著しく減少しており，刑が免除される。

現行法には規定がないが，改正刑法草案14条は1項で正当防衛，2項で過剰防衛，3項で恐怖・驚愕・狼狽等による過剰防衛と分類して規定しており，とくに3項は，期待可能性の欠如する典型的な事例とされ，責任阻却事由とされている。

(3) 誤想過剰防衛

誤想防衛と過剰防衛が競合する場合，**誤想過剰防衛**と呼ぶ。客観的には急迫不正の侵害が存在しないのにそれが存在するものと誤信して，しかもそれが相当性の程度を超えていた場合である。判例はこれを故意犯の過剰防衛として処理している（最決昭62・3・26刑集41巻2号182頁）。

6 盗犯等防止法

正当防衛と関連して「盗犯等ノ防止及処分ニ関スル法律」という特別な規定があり，その第1条1項は

一 盗犯ヲ防止シ又ハ盗臓ヲ取還セントスルトキ

二 兇器ヲ携帯シテ又ハ門戸牆壁等ヲ踰越損壊シ若ハ鎖鑰ヲ開キテ人ノ住居又ハ人ノ看守スル邸宅，建造物若ハ船舶ニ侵入スル者ヲ防止セントスルトキ

三 故ナク人ノ住居又ハ人ノ看守スル邸宅，建造物若ハ船舶ニ侵入シタル者又ハ要求ヲ受ケテ此等ノ場所ヨリ退去セザル者ヲ排斥セントスルトキ

に自己または他人の生命，身体または貞操に対する現在の危険を排除するため犯人を殺傷した場合は正当防衛として違法性が阻却されるとしている。これは刑法36条の正当防衛を拡張しているものといえる。さらに，第2項は，1項各号に当たる場合，自己または他人の生命，身体または貞操に対する現在の危険があるとはいえない場合でも行為者が恐怖，驚愕，興奮または狼狽により現場で犯人を殺傷したとしても罰しないとしている。ここで「罰しない」としてい

るのは，1項の場合のように違法性がないというのではなく，責任がないということを意味する。行為者が心理的に追い詰められた状態で行為したので，別の行為は期待できなかったという期待可能性の問題なのである。

ワーク 8　演習問題

【問】　1　動物に対してなされた反撃，いわゆる対物防衛をめぐる議論についての主張として論理的に正しくないものを選びなさい。

【法学検定試験3級程度】

(1)　民法720条2項で物に対する正当防衛が認められているので，動物に対する反撃行為の違法性は阻却される。

(2)　36条は「不正の侵害」を前提にしているが，これは客観的な違法状態であれば足りるので，その意味で動物も「不正の侵害」をなしえ，したがって，正当防衛で対抗できる。

(3)　36条は「不正の侵害」を前提にしているが，行為者が動物をけしかけた場合は，行為者の「不正の侵害」が認められるので，行為者に対する正当防衛が認められる。

(4)　36条は「不正の侵害」を前提にしているが，責任無能力者が違法行為をなしえないのと同様に，動物も「不正の侵害」をなしえないので，動物に対しては正当防衛はできない。

【問】　2　防衛の意思が必要か否かをめぐって偶然防衛が議論されている。防衛の意思が必要であるとする立場から防衛の意思が必要でないとする立場に対する批判として適切でないものを選びなさい。

(1)　行為者の主観的側面を捨象する違法観はあまりに客観的すぎる。

(2)　結果の発生だけで処罰の可能性が左右されるのでは，単なる幸運や偶然が重要な作用をもたらすことになりかねない。

(3)　行為無価値を無視することになる。

(4)　防衛の意思が必要でないとすると，偶然防衛の事例で未遂の段階が早まってしまう。

(担当：小名木明宏)

Lesson 9　緊急避難

第37条（緊急避難）　①　自己又は他人の生命，身体，自由又は財産に対する現在の危難を避けるため，やむを得ずにした行為は，これによって生じた害が避けようとした害の程度を超えなかった場合に限り，罰しない。ただし，その程度を超えた行為は，情状により，その刑を減軽し，又は免除することができる。
②　前項の規定は，業務上特別の義務がある者には，適用しない。

1　緊急避難とは

　緊急避難とは，「自己又は他人の生命，身体，自由又は財産に対する現在の危難を避けるため，やむを得ずにした行為」をいう。緊急避難は，自己または他人の法益が現在の危難に遭遇しているときに，その法益に対する危難を避けるために，やむを得ず第三者の法益を犠牲にすることをいうため，**「正対正」**の関係にある。たとえば，急に車が飛び出してきたため，咄嗟に側にいた人を突き飛ばしてケガを与えてしまったような場合をいう。
　一方，正当防衛は，**急迫不正の侵害**に対する反撃行為であるため，**「不正対正」**の関係に立ち，この点で，緊急避難と**正当防衛**は異なるが，両者とも緊急行為として，違法性が阻却され犯罪を構成しないことは同様である。

2　緊急避難の法的根拠

　緊急避難は，**「現在の危難」**を避けるため，第三者の正当に保護された法益を侵害する点で「正対正」の関係に立つが，それが犯罪不成立となる法的性格については，学説の対立がある。それは，①違法阻却一元説，②責任阻却一元

説，③二分説である。①は，正当化原理としての「優越的利益の原則」を根拠として，一元的に違法性の阻却を認める（小野清一郎，団藤重光，平野龍一）。②は，緊急避難行為はあくまでも違法であるが，ただ期待可能性が存在しないため責任が阻却されるとする（瀧川幸辰，植松正）。③は，緊急避難が対立する法益の場合，守るべき法益が優越しているときに違法阻却となり，衝突する法益が同価値であるか，守るべき法益が低いときには責任阻却となる（佐伯千仭，内藤謙，阿部純二）とする。通説は，①の違法阻却一元説を採用している。それは，ⓐ刑法37条が，他人のためにも避難行為を認めていること，ⓑ法益権衡性を要求しているからである，とされている。

3　緊急避難の成立要件

　緊急避難が成立するためには，①自己または他人の生命，身体，自由または財産に対する「現在の危難」が存在すること，②行為者がその危難を避けるために「やむを得ずにした行為」でなければならず（補充の原則），③しかも，上述の避難行為から生じた害が，避けようとした害の程度を超えない場合（相当性），にかぎられる。以下，分説する。

　(1)　自己または他人の生命，身体，自由または財産と法文上列挙されているが，通説は，これらの法益に限定することはなく，貞操や名誉も含まれるとしている。「他人」とは，行為者と一定の関係にある者だけでなく，まったくの第三者や社会的・国家的法益も含まれるとする（通説）。「危難」は制限がなく，自然現象や動物による侵害も現在の危難である。たとえば，「田植え後10～20日であり，豪雨のため稲苗が枯死するに至るおそれがあるときは，現在の危難があるということができる」（大判昭8・11・30刑集12巻2160頁）し，「列車乗務員がトンネル内を通過するにあたり，トンネル内における熱気の上昇，有毒ガスの発生等により生命身体に被害を受ける危険性が常時存在する場合は，現在の危難に当たる」（最判昭28・12・25刑集7巻13号2671頁）といえる。要するに，「現在の危難」とは，法益に対する実害または危険が目前に迫っている状態をいう。

　(2)　法益を守るために「**やむを得ない**」行為であることは，その危難を避けるために唯一の手段で，他に執るべき方法がなかったことを意味する。これを「**補充の原則**」という。判例は，「『**やむを得ずにした行為**』とは，当該避難行

為をする以外には他に方法がなく，かかる行動に出たことが条理上肯定しうる場合を意味する」(最大判昭24・5・18刑集3巻6号772頁) とし，また，「現在の危難が行為者の有責行為により自ら招いたものであり，社会通念に照らしやむことを得ないものとしてその避難行為を是認しえない場合は，本条の適用はない」(大判大13・12・12刑集3巻867頁) としている。そして，「補充の原則」に適合しないものとして，「老朽化のために釣橋が危険な状態にあったとしても，その危険を防止するには，通行制限の強化その他の適当な手段，方法があり得た以上，ダイナマイトを使用してこれを爆破する行為には緊急避難を認める余地はなく，従ってまた過剰避難も成立しない」(最判昭35・2・4刑集14巻1号61頁) としている。

(3) 緊急避難が成立するためには，「法益の権衡性」が要求される。これは，守るべき法益が犠牲にすべき法益よりも大きいか，あるいは少なくとも同等であることを意味する。この点で，急迫不正の侵害に対する正当防衛は，「不正に対する正」の関係であるため，必ずしも法益の権衡性は要求されないが，緊急避難は，第三者に損害を転嫁する「正対正」の関係にあるため，**法益権衡性**が要求される。一般的にみて，①生命―身体―自由（貞操）―財産―名誉，②個人的法益―社会的法益―国家的法益，③財産上のものでは，経済価値の大小―という関係になる。すなわち，緊急避難では，価値の大きい法益を救うために価値の小さい法益を犠牲にするとき，または，価値の等しい法益の一方を守るために，他方を犠牲にする場合までは許容されるが，より高い価値の法益を侵害して，低い価値の法益を救う行為は許されないのである。

4 過剰避難

避難の程度を超えた場合を過剰避難という (37条1項但書)。過剰避難にも二つの場合が考えられる。第一に，やむを得ないという要件（補充の原則）を欠いた場合，すなわち，避難行為が他に方法がないといえなかった場合である (判例として，東京高判昭59・11・29刑月14巻11＝12号804頁)。第二に，法益権衡の原則を欠いた場合，すなわち，行為より生じた害が避けようとした害の程度を超えた場合である。この場合は，違法，責任の程度が低いという意味で，刑の減軽または免除が可能となる (37条1項但書)。

5 誤想避難

緊急避難の要件に該当する事実がないにもかかわらず，これがあるものと誤信して避難行為をした場合をいう。この場合には，違法性は阻却されないが，故意責任が阻却される（通説・判例）。

《正当防衛と緊急避難の異同》

	〈正当防衛〉	〈緊急避難〉
〔共通点〕	○緊急状態（急迫不正の侵害） ○行為の違法性なし（犯罪不成立） ○行為の相当性欠如（過剰防衛）	緊急状態（現在の危難） 行為の違法性なし（犯罪不成立） 行為の相当性欠如（過剰避難）
〔行為の対象〕	あらゆる法益が対象となる（不正に対する正の関係）	生命・身体・自由・財産・貞操・名誉（正対正の関係）
〔行為の必要性〕	やむを得なかった行為（必要性・相当性）	やむを得なかった行為でも他にとりうる手段を必要とする（必要性・相当性・補充の原則）
〔行為の程度〕	侵害に対する反撃行為として相当であればよい（法益のバランスは必ずしも必要としない）	守るべき法益と犠牲にする法益とのバランス（権衡性）が必要である

ワーク 9　演習問題

【問】　緊急避難に関する次の記述の中で，妥当なものはどれか。

【法学検定試験3級程度】

(1) 大干害に際して，上流の部落が一定の用水路から，従来の慣行に反して多量の水を揚げたため，下流の田地のかんがい用水が減少し，その稲が枯死するおそれがある場合に，下流の水利権者が上流部落の揚水設備

を取り除く行為は緊急避難に該当する。
(2) 吊り橋の腐朽がひどく,いつ落下するかも知れないような状態にあった場合には,ダイナマイトで爆破する行為は緊急避難に該当する。
(3) 野犬に襲われたので,これを避けるため,その犬を撲殺したときは,緊急避難になる。
(4) 消防署員が,消火作業中,煙にまきこまれたため,窒息しそうになり,隣家の垣根を壊してその場を逃れた場合には,緊急避難が成立する。
(5) 犬(価額1万円)をつれて散歩していたところ,隣家の犬(価額100万円)が鎖を切って自分の犬に襲いかかったため,隣家の犬を猟銃で射殺した場合,緊急避難が成立する。

(担当:津田重憲)

Lesson 10　その他の違法性阻却事由

1　その他の違法性阻却事由とは

　違法性阻却事由とは，行為が構成要件に該当していても，その違法性を排除する根拠となる事由をいい，犯罪は成立しない（この点については，Lesson 7　違法論　を参照）。刑法は，違法性が阻却され犯罪が成立しないものとして，35条（法令または正当業務行為），36条（正当防衛），37条（緊急避難）の三つの場合だけを明文で規定しているが，そのほかの法律の中にも違法阻却事由を規定するものがある。たとえば，母体保護法14条1項が規定する，医師の認定による人工妊娠中絶や警職法7条による警察官の職務行為などがある。さらに，学説・判例において，明文化されていない超法規的違法性阻却事由の存在を認め，それを肯定するのが通説である。たとえば，自救行為，被害者の同意（承諾）などが挙げられる。

2　被害者の同意（承諾）
(1)　個人的法益の侵害

　個人的法益の侵害については，**被害者の同意（承諾）**は，犯罪の成立を阻却するという法理が，古くから承認されており（ローマ法時代から），理論上は違法性阻却事由として位置づけられてきた。現在では，被害者の同意（承諾）の不存在が，明示的あるいは黙示的に構成要件の内容となる場合，たとえば，住居侵入罪（130条前段）や強姦罪（177条）などにおいては，同意があれば，構成要件該当性そのものが欠けると考えられている。しかし，これらの類型に属さない場合には，被害者の同意は，法益の主体が自ら利益を放棄するものとして，刑法上の保護の必要性を失わせ，法益侵害を実質とする違法性を阻却する機能を持たせてもよい。ただし，刑法は，202条（嘱託殺人）や213条（同意堕胎）の規定を設け，これらの行為は処罰するとしている。

(2) 法的根拠

そこで，被害者の同意（承諾）があれば，違法阻却となり犯罪不成立となるが，その法的根拠をめぐっては，①法益衡量説と②目的説（社会的相当性説）が対立している。①の法益衡量説は，利益欠缺(けんけつ)の原則に基づき，この場合は，法によって保護されるべき利益が喪失するため，違法阻却になるとする。②の目的説（社会的相当性説）は，被害者の法益処分が社会的に相当であり，あるいは国家的目的の範囲内にあるかぎり許されるとする。①の考え方によれば，被害者の同意があれば違法とされる範囲が広がり，②の立場は，違法とされる範囲が狭くなることになる。通説は，①の法益衡量説であるが，判例は②の立場をとる（仙台地石巻支判昭62・2・18判時1249号145頁）。

(3) 同意の要件

被害者の同意が違法阻却となる要件としては，第一に，法益処分が被害者の同意において処分可能なものであることを要する。したがって，国家的法益や社会的法益は処分不可能であり除外される。あくまでも個人的法益における，身体，自由，財産，名誉，秘密などであるが，生命の処分は，202条の規定により許されない。第二に，被害者の同意があることを要する。その同意は，明示的・黙示的なものにかぎらず，積極的同意・消極的同意でもよい。また，同意の内容を理解する能力のあることを要し，それは，真摯(しんし)的・任意的なものでなければならない。脅迫や欺罔による同意（承諾）は無効である。なお，たとい被害者の同意（承諾）があっても，法の見地からみて許されない場合がある。判例は「相手方が承諾していても……バンドでその首を絞めるという相手方の生命を侵害する危険性の高い行為により相手方を窒息死させることは，社会的相当性の限度を超え，違法性を阻却しない」（東京高判昭52・11・29高刑集28巻11号143頁）とし，「被害者が身体傷害を承諾した場合の傷害罪の成否は，承諾の存在だけでなく，その承諾を得た動機・目的，身体傷害の手段，方法，損傷の部位，程度などの諸般の事情を照らし合わせて決すべきで，保険金詐欺の目的で身体傷害の承諾を得た場合には傷害罪の違法性は阻却されない」（最決昭55・11・13刑集34巻6号396頁）としており，判例は，どちらかといえば，目的説（社会的相当性説）の立場を鮮明にしているといえよう。

(4) 推定的同意（承諾）

　被害者自身の同意はないが，客観的判断により，理性的人間の見地から被害者の同意があったと予期される場合はどうなるであろうか。この場合には，その事情を客観的・合理的に解釈すれば，被害者の同意があったであろうと期待されるときには，同意に基づく行為として，相当な範囲内で適法になるとされている。たとえば，隣家の水道管が破裂して水が流出しているときに，被害者の同意なしに隣家に立ち入る（住居侵入）行為などである。この場合には，被害者の推定的同意が社会的見地から推定され，住居侵入罪は成立しないといえる。

3　安楽死
(1)　安楽死違法論と安楽死適法論

　安楽死とは，死に直面して耐え難い肉体的苦痛にあえいでいる病者に対して，その苦痛を緩和，除去して安らかな死を迎えさせることをいう。病者の死期を早めることのない純粋安楽死は，医師による治療行為として，当然に適法であり，刑法上問題とはならない。しかし，これに関して，病者の死期を早める結果となる安楽死は，殺人罪（199条），嘱託殺人罪（202条）の構成要件に該当することになる。そこで，このような安楽死が違法性を阻却するかどうかということが問題となる。

　安楽死に関しては，**安楽死違法論**と**安楽死適法論**が対立している。安楽死違法論は，人の生命は絶対的価値を有するため，たといかなる理由が存在しても，生命を短縮することは許されず，安楽死の不処罰はせいぜい責任阻却事由として論ずるべきであるとする。一方，安楽死適法論は，ある一定の要件を充足すれば，違法性が阻却され，犯罪を構成しないと説く。通説・判例は，安楽死適法論の立場にあり，ある一定の要件を満たせば正当化されるとする（団藤重光，大塚仁，大谷實，川端博など）。

(2)　安楽死の正当化の要件

　安楽死が違法性を阻却される要件として，指導的な判例がある。昭和37年12月22日の名古屋高裁判決は，安楽死を認める要件として，6つの要件を掲げた。すなわち，①病者が現代医学の知識と技術からみて，不治の病に冒され，しか

もその死が目前に迫っていること，②病者の苦痛が甚だしく，何人もこれを見るに忍びない程度のものであること，③もっぱら，病者の死苦の緩和の目的でなされたこと，④病者の意識がなお明瞭であって意思を表明できる場合には，本人の真摯な嘱託または承諾のあること，⑤医師の手によることを本則とし，これによりえない場合には医師によりえないと首肯するに足る特別な事情があること，⑥その方法が倫理的にも妥当なものとして認容しうるものであること，とした（名古屋高判昭37・12・22高刑集15巻9号674頁）。もっとも，その後に出された判例によると，上記の名古屋高裁判決の中から，⑤と⑥の要件を除外して安楽死を許容する立場を示した（横浜地判平7・3・28判時1530号28頁＝東海大学安楽死事件）。しかし，⑤の医師の手による要件は，①と②の要件を医師が確認すれば，必ずしも医師の手による必要はないとされている。睡眠薬の投与などは誰にでもできるからである。いずれにしても，病者自身が死を選択した自己決定に基づき，一定の要件の下に安らかな死を迎えさせることは，人道主義の観点からも，社会的相当行為として違法性が阻却されるとするのが多数である（団藤重光，大谷實）。

4 尊厳死

尊厳死とは，回復の見込みのない末期状態にある患者に対して，生命維持治療を中止して，「人間としての尊厳」を保持させながら死を迎えさせることをいう。この場合，生命維持治療の中止は死期を早めるために，尊厳死は，殺人罪（199条），あるいは同意殺人罪（202条）の成否が問題となる。そして，その処罰について学説は，①人道に適った処置といえる限度で違法阻却を認めるべきであるとする説（大塚仁），②事前の承諾と意識の回復の見込みのない場合に違法阻却を認めるべきであるとする説（西原春夫），③社会通念として是認されないため違法性を阻却しないとする説（団藤重光），④人道的見地から違法性を阻却するとする説（大谷實），などが対立している。要するに，尊厳死の場合は，安楽死の場合と異なり，患者に耐えがたい肉体的苦痛が存在せず，また，患者の意思の確認には困難が伴うものである。

ところで，尊厳死に関する判例は，わが国にはまだ存在しないが，安楽死に関する判例（横浜地判平7・3・28判時1530号29頁）の中で傍論として，尊厳死が

許容される要件を掲げている。それは、①患者が治癒不可能な病気に冒され、回復の見込みがなく死が避けられない末期状態にあること、②治療行為の中止を求める患者の意思表示が存在し、それは治療行為の中止を行う時点で存在すること、③治療行為の中止の対象となるのはすべての措置であるが、どのような措置をいつ中止するのかは、死期の切迫の程度、当該措置の中止による死期の影響の程度などを考慮して決定されるべきである、などである。

このように、尊厳死に関しては、学説・判例とも、未だ確立されたものがなく、比較的新しい問題であり、錯綜している。しかし、学説の多くは、以下の要件を充足すれば、尊厳死も許容されるとしている。それは、①患者が医学的にみて回復の見込みのない不可能的な意識喪失に陥っていること、②延命治療中止についての患者の自発的かつ真摯な事前の文書による意思表示があること、③患者の文書による意思表示が存在しない場合は、患者のことをよく理解し真摯に考えている家族の意思表示があること、④延命治療中止の措置は医師の手によること、などである（立石二六）。

ワーク 10　演習問題

【問】　次の犯罪の中で、被害者の同意（承諾）があったとしても、当該構成要件に該当することがあるものはどれか。　　【法学検定試験4級程度】
- (1)　横領罪
- (2)　背任罪
- (3)　傷害罪
- (4)　殺人罪
- (5)　窃盗罪

（担当：津田重憲）

Lesson 11 責任論

1 責任
(1) 責任主義

　責任とは、犯罪行為についてその行為者を非難しうること、すなわち非難可能性である。近代刑法においては、「責任なければ刑罰なし」とされるが、その意味するところは、非難可能性がなければ犯罪成立要件を充たさないということである。そのためには、行為者に責任能力および故意または過失がなければならない（主観的責任）。また、行為者は行為者自身の犯罪についてのみ責任を負い、他人が犯した犯罪について責任を課されることはない（個人責任）。このような責任を必要とすることを、責任主義という。そして、この責任主義は、犯罪の成立を限定する原理であることから、**消極的責任主義**とも呼ばれる。今日の刑法学説は、この責任主義を徹底すべく、両罰規定における業務主はその独自の行為を過失で行ったものと論じ、結果的加重犯における加重結果には過失を必要とし、責任（または故意）の要件として違法性の意識の可能性が必要であるとすることで一致している（判例は学説に比して責任主義が不徹底である）。

(2) 責任の本質

　責任の本質については、基本的に、道義的責任論と社会的責任論の対立として捉えられる。**道義的責任論**は、人間は自由意思を有し、その自由な意思決定に基づいて犯罪を行ったのであるから、その行為と結果は行為者に帰属され、かつ道義的に非難されると主張する（**自由意思肯定論＝非決定論**）。これに対し、**社会的責任論**は、人間の意思とそれに基づく行動は遺伝的な素質と社会的環境によって決定されており、社会にとって危険な者は、社会防衛手段としての刑罰に服さねばならず、その刑罰を受けるべき法的地位が責任であるとするものである（**自由意思否定論＝決定論**）。しかし、人間の完全な意思自由を認

めることも，また逆に意思自由を全く否定することも極端にすぎるものである。そこで，非決定論の立場から，人間の意思は素質と環境によって制約されながらも自ら自由に決定する能力を有するとする**相対的意思自由論**が，決定論の立場から，意思の自由は因果法則によって支配されるとはいえ，素質や環境によって決定されるのではなく，意味または価値によって決定されるとする**やわらかな決定論**が主張され，両者の歩み寄りが見られる。限定的とはいえ，行為者の意思の自由が認められないかぎり，行為者の行為を非難し行為者に刑罰を科すことができないことは明らかである。

(3) **責任の基礎**

責任の本質を以上のように捉えるとき，責任の基礎は，基本的に個々の犯罪行為に向けられた行為者の意思とされるべきこととなる。これを**個別行為責任論**という。しかし，行為者の性格や環境が行為に影響を及ぼすことも加味すべきとする**性格論的責任論**や行為者の人格形成責任を行為責任と同時に考慮すべきとする**人格責任論**が主張されていることに留意すべきである。

(4) **責任判断の要素**

この点については，心理的責任論から規範的責任論（通説）への理論的発展が見られる。**心理的責任論**は，責任能力および故意・過失という心理的事実があれば道義的責任を認めてよいとする理論である。すなわち，責任とは行為に対する行為者の心理的関係であり，その内容は行為ないし結果に対する認識（故意）と認識可能性（過失）であるとした。**故意・過失が責任の種類または形式**であるというのはこのような意味である。これに対し，**規範的責任論**は，法の命令に従って意思決定をなしうる者が，法の期待に反して違法行為の決意をなしたことが問題とされるべきであるとの観点から，行為者に責任があるといえるためには，責任能力および故意・過失という心理的要素のほかに，行為当時に行為者が当該違法行為の代わりに適法行為を決意することが期待可能であったことが必要であるとする理論である。規範的責任論は，道義的責任論の内容をなす心理的責任論の欠陥を克服するとともに，**期待可能性**が存在するのに違法行為を決意するのは，その行為者の性格の危険性を示すものであるという形で社会的責任論とも結びつきうるものであり，学派の対立を超えて通説たる地位を確立しているといえるものである。

なお，この期待可能性の欠如・減少が責任の阻却・減少をもたらすことは，いくつかの法規定（二分説を前提とした法益同価値の場合の緊急避難規定，恐怖・驚愕等によって侵入犯を殺害したことに対する盗犯等防止法の規定，過剰防衛・過剰非難規定など）により認められている。さらには，一般に超法規的に責任を阻却ないし減少させる事由であることも，判例（「第五柏島丸事件」大判昭和8・11・21刑集12・2072など）・通説が承認しているところである。

```
道義的責任論――非決定論――――道義的非難としての刑罰
社会的責任論――決定論――――社会防衛のための刑罰
両説の止揚――相対的意思自由――個別行為責任
規範的責任論――適法行為の期待可能性を前提とした個別行為責任の追及
```

2 責任能力

第39条（心神喪失及び心神耗弱）　①　心神喪失者の行為は，罰しない。
②　心神耗弱者の行為は，その刑を減軽する。
第41条（責任年齢）　14歳に満たない者の行為は，罰しない。

(1) 意　義

　責任能力とは，行為者の有責に行為する能力すなわち責任非難をなされ刑事責任を負担する能力をいう。その内容は，行為の違法性つまり是非善悪を弁識し，それに従って自己の行為を制御する能力（**弁識能力と制御能力**）である。このような能力を備える者のみが適法行為を期待され，責任非難を負いうるからである。これは，**有責行為能力説**と呼ばれ，自由な意思決定能力を前提とする道義的責任論の立場からもたらされる定義である。これに対して，社会的責任論の立場からの刑罰能力（刑罰適応性）説が存在するが，自由な意思決定に基づく適法行為選択の可能性を認めず，行為者の社会的危険性を除去することのみを刑罰の目的とするものであり，一学説の域を出ない。

(2) 体系的地位

　責任能力については，責任論内部でその体系的地位をめぐり，それが責任の前提かそれとも責任の要素かが争われている。すなわち，責任能力は，故意・過失，違法性の意識の可能性，期待可能性と並ぶ個々の行為について責任を問うための要素であるとする**責任要素説**と，責任能力は，個々の行為についての能力ではなく，その前提となる一般的な人格的能力であるとする**責任前提説**との対立である。前者は個別行為責任の概念と調和するものであり，基本的に正しい捉え方であるといえようが，責任能力が個々の犯罪についての責任要素であるとすると，責任能力も究極において期待可能性の問題に帰着しそれを独自の責任の要件とする意義が失われると批判される（大谷實）。そこで，行為責任論の見地から責任要素説を採るとしても，責任能力の判断基準については，生物学的要素に第一次的意義を認め（行為者の人格に病的変性が認められれば，弁識能力や制御能力といった心理的要素を問題にするまでもなく直ちに責任能力を欠き，責任が否定されるということ），心理学的要素には生物学的要素を当該行為と関連づけるかぎりで第二次的意義を認めるべきであると主張されている（内藤謙）。

　なお，この議論に関連して，**部分的責任能力**を認めるべきか否かが争われている。すなわち，同一人物について，ある犯罪については責任能力が否定されるが，他の犯罪については肯定されるということが認められるかどうかである（例：好訴妄想を有するパラノイア患者は172条の虚偽告訴罪については責任無能力だがその他の犯罪については責任能力ありとすること）。責任能力を行為者の一般的な属性とする責任前提説からは否定され，個別的な有責行為能力を問う責任要素説からは肯定されることになるが，人間の人格の統一性という観点からは，責任能力を分解して孤立的に扱うことには極力慎重であるべきであろう（平野龍一）。

責任要素としての責任能力　←――――→　個別行為責任・部分的責任能力

責任能力判断の基準 ｛ ①生物学的要素（行為者人格の病的変性）
　　　　　　　　　　②心理学的要素（是非の弁別能力・行動制御能力）

(3) 責任無能力・限定責任能力

　刑法は，責任能力に関する積極的定義をすることなく，消極的な形で責任能力を欠く場合（責任阻却事由）と責任能力が低い場合（限定減軽事由）とを規定している。心神喪失者・心神耗弱者に関する規定と刑事未成年者に関する規定がそれである。

　判例によれば，**心神喪失者**とは，「精神の障害により事物の理非善悪を弁識する能力がなく，またはこの弁識に従って行動する能力のない者」をいい，**心神耗弱者**とは，「精神の障害がまだそのような能力を欠如する程度には達していないが，その能力が著しく減退した者」をいう，とされる（大判昭6・12・3刑集10巻682頁）。すなわち，この判断基準は，精神障害という生物学的要素と弁識能力・制御能力という心理学的要素とから成るものである。生物学的要素のみで判断することは，責任能力が法律上の観念であることを無視することになり，心理学的要素のみで判断することは，責任能力が責任の前提であることをないがしろにするものであり，やはり両要素を斟酌する方法（混合説と呼ばれる）が妥当である。なお，判例は，心神喪失・心神耗弱であるかどうかは法律判断であって，もっぱら裁判所に委ねられるべき問題であるのみならず，その前提となる生物学的要素等についても究極的には裁判所の判断に委ねられるべきであるとしている（最決昭58・9・13判時1100号156頁）。

　精神の障害とは，精神病，精神薄弱，精神病質をいう（精神保健法3条）。精神病は，精神分裂病（統合失調症），そううつ病など内因性のもの（脳の病変が証明されていないもの）と，アルコール中毒，てんかんなど外因性のものとに分かれるが，心神喪失の認められる場合が多い。これに対し，精神薄弱の多くは心神耗弱にとどまる。精神病質は性格の異常を意味するが，判例は原則として完全に責任能力のあるものとしている。

　また，刑法は満14歳に満たない者を一律に責任無能力者としている。これを**刑事未成年者**という。このような特例が認められるのは，刑法が，14歳未満の者について，行為の弁識能力または制御能力が一般的に未熟であることを考慮したためである。また実質上このような能力があるとしても，人格の可塑性にかんがみ刑法上の非難を加えるのは適当でないと考えているともされる。

```
責任無能力者 ──┬─ 心神喪失者（精神病）
              └─ 刑事未成年者
限定責任能力者 ── 心神耗弱者（精神薄弱）
完全責任能力者 ── 精神病質（性格異常）
```

3 原因において自由な行為

(1) 意　義

　行為責任論をとるかぎり，責任能力は実行行為の時に存在しなければならない。これを「**(実行) 行為と責任の同時存在の原則**」という。これは，責任主義の要請でもある。ところが，「大量に飲酒して病的酩酊状態（心神喪失）に陥り，そのような状態で人を殺傷したが，そのことにつき事前に故意または過失があった場合のように，犯罪実行行為の時には行為者に責任能力がないが，心神喪失状態に陥ったことについては責任がある場合」に，同時存在の原則を形式的に適用して，行為者を責任無能力のゆえに無罪としてよいかということが問われる。責任主義の要請を逆手にとった抜け道的犯行手口に対し，刑法は無力であるべきではない。このために編み出された理論が，「**原因において自由な行為**」**の理論**と呼ばれる。すなわち，責任無能力ないしは限定責任能力の状態で違法行為を行うことにつき責任能力のある**原因設定行為**の時点で故意または過失がある場合に，当該行為つまり**結果行為**につき完全な責任を問うための理論である。

(2) 学　説

　このために主張される学説は，以下のとおりである。まずは，**間接正犯類似説**（団藤重光，大塚仁など）であり，責任能力と実行行為の同時存在を前提とし，自己の心神喪失状態における身体の動静を道具として利用する場合が原因において自由な行為であるとする（**道具理論**）。すなわち，間接正犯が他人を道具として利用して自己の犯罪を実現するのに対して，原因において自由な行為は自分自身を道具として利用するものであると説く。それゆえ，間接正犯と同様に，道具を利用する行為が実行行為であり，原因行為の開始が実行の着手とな

る。しかし，この説によると，たとえば，飲酒酩酊状態を利用して殺人を犯そうとする場合，飲酒行為の開始を実行の着手とすることになり，未遂犯の成立が早くなりすぎる欠点がある。その結果，故意の作為犯に原因において自由な行為は認められず，せいぜい不作為犯の場合に限られることになる。また，心神耗弱状態は減弱しているとはいえ未だ行為の是非を判断する能力を備えている場合であるから，これを道具とすることはできない。このように，間接正犯類似説は，原因において自由な行為の成立範囲を不当に狭くし，当罰要求に合致する理論とはなりえない。

　そこで主張されるのが，**意思決定連続説**（平野龍一，西原春夫）である。これは，責任能力のある原因設定行為の意思決定が結果行為に実現している場合，すなわち，原因設定行為時の意思が結果行為時まで連続しているときは完全な責任を認めうるとするものである。実行行為が原因設定行為時の責任能力ある意思決定が貫かれた結果行われたものであるとき，必ずしも実行行為と責任能力の同時存在の原則を満たす必要はないとする。この説によれば，間接正犯類似説のような窮屈さはない。すなわち，作為犯の場合であろうと，心神耗弱状態のときであろうと，原因設定行為から結果行為にいたる行為が全体として当初の一個の意思決定に導かれているならば，完全な責任を認めることができることになる。判例の態度と相まって，この説が現在もっとも有力といえよう（以下の説明は，この説に依拠して行うこととする）。

　以上の諸説に対し，**因果・責任連関説**（内藤謙，前田雅英等）がある。これは，原因設定行為に必要な危険性と，未遂犯成立に必要な実行の着手における危険性とは別個であるということを前提に，原因行為と結果行為との間に因果・責任連関が認められれば原因において自由な行為を認めるとするものである。すなわち，因果・責任連関を介して原因設定行為を実行行為に取り込むものであるが，実行の着手は結果行為の開始時に認めるとするものである。意思決定連続説が実行行為と責任能力の同時存在にこだわらないのに対し，実行行為概念を緩めることで，責任能力は実行行為に対する事前コントロールの問題ではなく同時的コントロールの問題であるとの批判をかわし，調和を図ろうとする立場である。

> 間接正犯類似説―――同時存在の原則の墨守
> 因果・責任連関説―――実行行為の実質化（着手時期との分離）
> 意思決定連続説―――実行行為の意思による支配

(3) 適用範囲

原因において自由な行為の理論は，故意犯，過失犯および心神喪失・耗弱のいずれの場合にも適用される。どの場合においても39条を適用すべきでない行為形態が考えられる。

(a) **故意犯**　故意の内容として，①原因設定行為の結果として心神喪失・耗弱の状態に陥ることの認識のほかに，②その状態で犯罪結果を惹起することについて認識が必要であるとする**二重の故意の理論**（西原春夫，山口厚）と，原因設定行為時に結果行為についての認識があれば足りるとする理論（大谷實，前田雅英）が対立している。なお，結果行為は，原因設定行為時の意思決定に基づいて行われた故意行為であることを要する（意思の連続）。したがって，意思決定と異なる結果を生じさせた時は，故意犯を認めることはできない（傷害を行うつもりが，窃盗を行ってしまった場合）。

(b) **過失犯**　第一に，原因設定行為時に，自己が精神障害の状態で犯罪結果を惹起する可能性があることを予見できたのに予見しなかったという不注意がなければならない。第二に，結果行為としての過失犯の実行行為は，原因設定行為時の不注意の結果として行われたものでなければならない（ここでも意思の連続が必要）。

(c) **心神耗弱**　原因において自由な行為の理論の適用は，心神喪失の場合が典型的であるが，心神耗弱の場合に適用できないとなると，明らかに不合理である。学説もこの点を意識して展開され，前述の三つの学説のうち後二者は，適用を認める。つまり，意思決定連続説と因果・責任連関説との間に実際上の差異はないといってよい。

(4) 判　例

判例は，原因において自由な行為の理論を，過失犯から故意犯，さらには限定責任能力の場合まで広く適用している。意思決定連続説にもっともなじみや

すいものといえる。ただし，過失犯については必ずしも明示的にこの理論を適用しているわけではない。過失犯の実行行為は故意犯に比較して緩やかに認められうるからである。

　①　責任無能力下の結果行為について過失犯としての責任を認めたもの
「授乳中の母親が眠りこんでしまい乳児を乳房で圧し窒息死させた事例」（大判昭2・10・16刑集6巻413頁）
「自己の遺伝的体質を知りながら，不注意にも飲食店で多量に飲酒し病的酩酊に陥り，居合わせた客を刺殺した事例（責任無能力状態下の故意犯）」（最大判昭26・1・17刑集5巻1号20頁）
「覚醒剤の使用が幻覚・妄想による暴力行為につながる習癖のあることを知りながら，多量の覚醒剤を注射して心神喪失状態に陥り，内妻を刺殺した事例」（京都地舞鶴支判昭51・12・8判時958号135頁）

　②　責任無能力下の結果行為について故意犯としての責任を認めたもの
「いったんは治癒していたヒロポン中毒患者が，塩酸エフェドリン水溶液の注射により幻覚・妄想を起こし，心神喪失の状態で殺意をもって姉を刺殺した事例（注射時に暴行の未必の故意ありとして傷害致死を認定）」（名古屋高判昭31・4・19高刑集9巻5号411頁）
「飲酒の結果病的酩酊に陥り心神喪失の状態で強盗未遂を行った事例（示凶器暴行脅迫罪（暴力1条）の限度で故意犯の成立を認定）」（大阪地判昭51・3・4判時822号109頁）

　③　限定責任能力下の結果行為について故意犯としての責任を認めたもの
「飲酒に際して酒酔い運転の意思があり，飲酒酩酊により心神耗弱の状態に陥り酒酔い運転を行った者に完全な責任を認めた事例」（最決昭43・2・27刑集22巻2号67頁）
「心神耗弱下の覚醒剤使用・所持が，責任能力があるときの覚醒剤の反復使用・継続所持の意思の実現であるとされた事例」（大阪高判昭56・9・30高刑集34巻3号385頁）
「正常な精神状態下にあった飲酒時に過失があったとして，心神耗弱下の飲酒酩酊運転に完全な責任能力を認め，業務上過失傷害罪の成立を認定した事例」
（東京高判昭46・7・14刑月3巻7号845頁）

ワーク 11　演習問題

【問】　責任能力に関する記述のうち，誤っているものはどれか。

【法学検定試験3級程度】

(1)　精神鑑定人が，被告人が犯行時精神分裂病であったとの鑑定を行った場合でも，裁判所は無罪とする必要はない。

(2)　実行行為の開始時は正常な精神状態であったが，途中から徐々に異常を来し，結果発生時には心神喪失状態となった場合，「原因において自由な行為」の理論によって39条1項の適用が排除される。

(3)　飲酒すると病的酩酊に陥り暴力を振るう性癖のあることを知りながら，多量に飲酒し，その結果心神耗弱状態となり万引きを行った者は，完全な責任を問われることはない。

(4)　間接正犯類似説によるとしても，限定責任能力下の自己を道具とみるのではなく，その状態での行為を原因設定行為時から支配していたと考えるならば，完全な責任を問うことも可能である。

(担当：平澤　修)

Lesson 12 故　　意

1　意　義

> 第38条（故意）罪を犯す意思がない行為は，罰しない。ただし，法律に特別の規定がある場合は，この限りでない。

(1) 概　説

刑法38条1項によると，「罪を犯す意思」がない行為は処罰されない。これは，犯罪の成立を認め，処罰するためには，原則として，**故意**がなければならないことを意味する。同項の但書は，特別の明文のある場合にのみ，例外的に過失犯の処罰を認めるという趣旨である。この点で，故意と過失の限界をいかに画することができるのかということが重要な問題となる。

罪を犯す意思としての故意の内容について，刑法は具体的に述べてはいない。そこで，故意の成立するためにいかなる要件が必要であるのか，すなわち故意の対象はどのようなものであるのかということも，さらに問題となる。

(2) 故意処罰の法理

故意犯は原則として処罰され，また過失犯の処罰規定がある場合でも，たとえば殺人罪（199条）と過失致死罪（210条）の法定刑の相違が示すように，故意犯の方が重く処罰される。このことがいかなる根拠に基づくものであるのかということが故意の成立要件，過失との限界づけを理解するうえで重要となる。

これは**故意の体系的地位**についての議論とも関係する。学説上，故意を違法要素，構成要件要素とする見解が有力である。故意があることによってその行為の危険性を高めるため，行為の実行行為性に影響を及ぼすとの理解によるものである。これは，実行行為性または行為の危険性を一般人の見地より判断すべきとの立場を前提にする（Lesson 16　不能犯　参照）。しかし，故意を純粋に

違法要素と理解する見解は少数であり、故意を違法要素としつつも、あわせて責任の問題であると理解する立場が多数である。また、違法性を事後判断とする立場からは、故意はもっぱら責任の問題として理解されることになる。このような意味で、故意犯の成否を決定づける故意の成否を責任の問題として扱うことが通説であるといえよう。

故意と過失が責任の問題であるとすると、故意と過失の責任内容がまったく異なる点に38条1項の理論的な根拠、すなわち**故意の処罰根拠**を求めることになる。故意がある場合、行為者は、その行為を思いとどまることができたはずであるのに、そうしなかった点に過失より重い責任があるといえる。故意があることで、行為者は規範に直面し、その行為の違法性を意識することができ、それによってその行為を思いとどまることができたのに、犯罪行為を決意して行為にでたということが故意犯の責任の基礎である。したがって、故意の対象ないし成立要件、過失との限界づけの問題もこのような観点から導き出さなければならない。

(3) **故意の要素**

故意には犯罪事実を認識する側面と結果を実現しようという側面があるといわれる。故意の成立にあたり、認識的側面を重視するか、意思的側面を重視するかの対立がある。

認識説は、故意の成立要件を犯罪事実の認識で足りるとし、その認識的側面を重視する。これに対して、多数説である意思説は、犯罪事実の認識だけでなく、その実現の意欲を要求し、意識側面を重視する。意思説は、故意の意思的側面を無視していると批判する。しかし、認識説によっても、犯罪事実を認識して行為した以上、結果実現の意思はあったといえるのであり、両者に本質的相違はないともいえる。

2 故意の対象

故意が成立するためには「罪」を犯す意思が必要である。刑法の第二編の表題が「罪」となっていること、第二編の各章が、たとえば「第二章　内乱に関する罪」となっていることなどから、「罪」とは個々の犯罪事実の意味であると解することができる。すなわち、故意が成立するためには**犯罪事実の認識**、

構成要件に該当する事実の認識が必要である。このような文理解釈だけでなく，故意の処罰根拠からもこの結論は導かれる。構成要件に該当する事実の認識があれば，通常，違法性を意識することができ，その行為を思いとどまることができるといえる。構成要件が違法類型であり，構成要件に該当する事実が違法内容の基本的部分を類型化したものであることから，その認識があることで行為者は規範の問題に直面するのである。

したがって，犯罪事実以外の事実あるいは構成要件とは無関係の事実はその認識がなくとも，故意の成立に影響を及ぼすことはない。たとえば，強姦罪（177条）は親告罪である（180条）が，強姦罪の故意があるというために親告罪であることの認識は必要ではない。また，各犯罪の法定刑もその構成要件とは異なるため，その不知，誤認は故意の存否に影響を及ぼすものではない。

故意が構成要件に該当する事実の認識であるということについては，いくつか問題が生じる。一つは**客観的処罰条件**といわれるもので，これについてはその認識は必要とされない。客観的処罰条件が犯罪の要素ではなく，国家刑罰権の発動を政策的理由により制約するものであるとの理解による。もっとも，この点については，犯罪の違法に関係する以上，その認識を必要と解すべきであるとの有力な反対説も存在する。親族相盗例（244条）のような**処罰阻却事由**といわれるものも，客観的処罰条件と同様，犯罪の成立に影響しない点でその認識を必要とされない。

次に，正当防衛などの違法阻却事由に関する事実（の不存在）についてその認識の要否が問題となる。これは誤想防衛の処理において特に問題となる（Lesson 8　正当防衛　参照）。

故意の認識に関して，「**素人領域における**（素人仲間の）**平行評価**」というものが語られる。故意が構成要件該当事実の認識であるとしても，構成要件が高度に専門的概念により形成されている場合，その認識を正確に要求することは，故意犯の成立する範囲をきわめて限定することになりうる。犯罪事実の認識が行為者個人の特性，経験，知識等を基礎とする以上，当該行為者にとって，違法性を意識することができ，その行為を思いとどまらせるような事実の認識があれば十分である。そこで，構成要件が高度に専門的概念によって表現されている場合，通常の行為者は，その概念に対応する内容をもつものの認識があ

れば，故意の成立を認めることができると解すべきことになる。このような認識を「素人領域における平行評価」という。たとえば，覚せい剤取締法はフェニルアミノプロパン，フェニルメチルアミノプロパン及び各その塩類を覚せい剤とする（覚せい剤取締法2条1項）。しかし，通常は，覚せい剤所持罪などが成立するために，そのような化学名の認識が必要でなく，これに対応するもの，たとえば「覚せい剤」やその俗称の認識があれば故意を認めてよいことになる。

最後に，故意には犯罪事実の意味の認識が必要とされる。もっとも，これは，構成要件に該当する事実をただ知覚しただけでは十分でなく，これを精神的に理解する必要があるということでしかない。包丁をもった手を前に突き出すということの認識では殺人の故意はないが，同一の動作を人を刺すという意味で認識していれば，殺人の故意はあるといえよう。**意味の認識**がとくに問題とされるのは，もっぱら**規範的構成要件要素**（たとえば，175条の「わいせつ」）の認識に関してである。このような要素では，価値判断の幅が広いため，どのような認識をもって犯罪事実の認識としてよいかの判断が困難となりうるからである。ただ，犯罪事実の認識によってその行為を思いとどまることができるかという点に故意処罰の基礎があるとすれば，行為者が違法性に関連づけうる形で犯罪事実を認識している必要があり，意味の認識はこのような観点における事実認識の必要性を問題にしているにすぎないともいえる。

3　故意の種類

すでに述べたように，故意犯の処罰が原則であり，過失犯の処罰は例外的に明文の規定がある場合にのみ認められている。しかも，過失犯の法定刑は故意犯のそれよりも軽くなっている。それゆえ，故意と過失を限界づけることは重要であり，両者の限界は，故意に必要とされる意識内容を確定することによって導き出される。では，故意の意識形態としてどのようなものがあるであろうか。

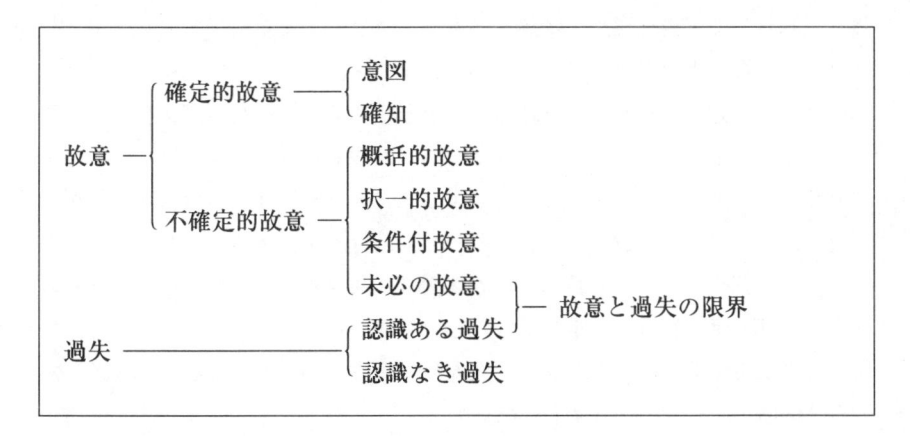

```
故意 ─┬─ 確定的故意 ─┬─ 意図
      │              └─ 確知
      └─ 不確定的故意 ─┬─ 概括的故意
                       ├─ 択一的故意
                       ├─ 条件付故意
                       └─ 未必の故意  ┐
過失 ──────────────── ┬─ 認識ある過失 ├─ 故意と過失の限界
                      └─ 認識なき過失 ┘
```

(1) 確定的故意

確定的故意と呼ばれるのは意図と確知である。前者は，結果の発生，犯罪事実の実現を強く意図・希望した場合である。遠方からライフルで射殺する場合，その可能性は高くなくとも，殺害を強く意図しているために故意があることになる。後者の確知は，結果の発生を意図してはいないものの，結果の発生，犯罪事実の実現が確実であると認識している場合である。

(2) 不確定的故意

不確定的故意には，概括的故意，択一的故意，条件つき故意，未必の故意と呼ばれるものがある。

概括的故意は複数の構成要件の実現についてすべて故意が認められる場合である。人ごみのなかで爆弾を爆発させて死亡させる場合がこれにあたる。行為者は具体的に殺害の客体を特定していなくとも，爆発の威力により死ぬかもしれないと思っているかぎり，すべての客体について故意を認めることができる。

択一的故意は，二つの結果が発生することはないが，いずれか一方は発生すると思っている場合である。二つのジュースの一方にのみ致死量の毒物をいれ，それらを二人の人間にそれぞれ飲ませる場合で，どちらが死亡しても，故意の成立を認めることができる。

概括的故意も択一的故意も，客体の特定に関して不確定さが問題となる。これに対して，**未必の故意**と呼ばれるものは，確定的故意と過失との中間的な領域に存し，いわば意思的側面の不確定さが問題となってくる。確定的故意ほど

強く犯罪事実の実現を意図・希望するものではなく，また結果発生が確実だとは思っていない場合である（後述(3)参照）。

条件つき故意は，行為者が行為の遂行を一定の条件の存在・不存在に依拠させている場合をいう。たとえば，現金があったら盗もうという意思で，物色していたが，現金がなかったので，何も盗らずに帰ったような場合に問題となる。行為者が一定の条件を設定していたとしても，行為を決意し，行為を行った以上，故意を認めることに問題はない。判例は，共謀共同正犯の事案で，謀議の内容では被害者の殺害を一定の事態の発生にかからせていたとしても，実行行為の意思が確定的であったときは，殺人罪の故意にかけるところはないとしている（最決昭56・12・21刑集35巻9号911頁）。

条件つき故意も未必の故意も，その意思的側面の不確定性の点で共通するとの見方がある。現に上記判例も，「被害者の殺害の結果を認容していた」と述べ，条件つき故意を未必の故意の問題としてとらえるような表現をしている。しかしながら，未必の故意は実行時に結果の発生に向けられた意思内容の問題であるのに対して，条件つき故意は実行の着手以前における行為への意思の問題である。条件つき故意の場合，実行着手時には確定的な意思が認められる以上，問題なく故意を認めることができる。

(3) **未必の故意**

故意に種類があるように，過失にも種類がある。一つは行為者が結果発生を認識していない場合であり，これを**認識なき過失**という。もう一つは結果発生の可能性を認識していた場合であり，これを**認識ある過失**という。認識ある過失では，結果発生の可能性を認識しているため，結果発生の可能性を不確実なものとして認識している未必の故意との限界づけが問題となる。

未必の故意と認識ある過失との限界については，蓋然性説と認容説との対立がある。**蓋然性説**は認識説から主張され，故意と過失は行為者が結果発生の蓋然性を高いものと認識したかどうかにより区別すべきであるとする。これに対して，**認容説**は意思説より主張され，結果発生の可能性を認識しつつ，これを認容したかどうかにより故意と過失を区別すべきであるとする。認容とは，積極的な認容だけでなく，結果が発生してもかまわない，やむをえない，仕方がないといった消極的な意思でも足りるとする。

判例は，盗品の有償譲受罪が成立するには，必ずしも買い受けるべき物が盗品であることを確定的に知っていることは必要でなく，あるいは盗品であるかもしれないと思いながら，しかもあえてこれを買い受ける意思があればたりるとしている（最判昭23・3・16刑集2巻3号227頁）。

ただ，判例あるいは認容説のように，故意の内容に情緒的・感情的要素を取り込むことは，行為者の悪しき心情や反社会的性格などの故意とは無関係な心情的要素を取り込むものであるとの批判も有力である。少なくとも，情緒的な要素の考慮によって，故意の認定に倫理的な観点が入り込み，故意犯の成立範囲が拡大するとの危惧は根強くある。

近年では，結果発生が確実とはいえないという認識のもとで，行為者が結果発生の可能性が高いと判断し，行為を決意したかどうかで，故意と過失を区別すべきであるとする**動機説**が有力に主張されている。規範的責任論によれば，犯罪を行わないように動機づけなかった点に行為者に対する非難が可能であるとする。この点で，動機説は規範的責任論にその基礎を有するものといえる。

ワーク 12　演習問題

【問】　次のうち正しいものを選びなさい。　　　【法学検定試験3級程度】
(1) 相手がナイフを抜いたら拳銃で射殺しようと決意していたが，自分の拳銃が暴発し，相手はそれにより死亡したとき，殺人罪の故意が認められる。
(2) 家の中で人が寝ていることを知っており，その人が死ぬことは望まなかったが，火災保険が欲しいので放火した場合には，殺人罪の故意はない。
(3) Aを殺害する意思で散弾銃を発射したが，そのときそばにBがいるのがわかり，散弾が飛び散ってあたる可能性があり，あたってもよいと思っていた場合，Bについても殺人罪の故意を認めることができる。
(4) 一応射程距離内ではあるものの，1キロの距離をおいてライフルで狙って殺害する場合，殺人罪の故意を認めることはできない。

(担当：石井徹哉)

Lesson 13　錯　　誤

```
錯誤 ─┬─ 事実の錯誤　──→　故意の存否
      └─ 違法性の錯誤　──→　違法性の意識の可能性
```

1　事実の錯誤

　行為者の認識した事実と現実に生じた事実の不一致を**事実の錯誤**という。行為者の認識した事実と発生した事実とが完全に一致することはまれである。そうした場合，両者のずれがどの程度までであれば故意を認めることができるのかが問題となる。この意味で，事実の錯誤は故意の認定にかかわる問題であり，裏返しの故意論といわれる。

(1)　**事実の錯誤の種類・態様**

　事実の錯誤には，具体的事実の錯誤と抽象的事実の錯誤の二種類がある。**具体的事実の錯誤**は，錯誤が同一構成要件のなかで生じている場合である。錯誤が異なる構成要件にまたがっている場合が，**抽象的事実の錯誤**である。

　事実の錯誤は，その錯誤の対象によって，客体の錯誤，方法の錯誤，因果関係の錯誤の三つの態様にわかれる。客体の錯誤は侵害客体そのものを取り違えた場合をいう。**方法の錯誤**は侵害の結果が認識した客体とは異なる客体に生じた場合をいう。**客体の錯誤**では，認識した客体に結果が生じている点で方法の錯誤と異なる。**因果関係の錯誤**は，行為者の認識した結果が生じているものの，結果発生にいたる因果経過が行為者の認識と異なる場合をいう。錯誤の種類と態様は異なる観点からの分類であり，それぞれの種類の錯誤のなかで，それぞれの錯誤の態様がありうる。

(a)　**具体的事実の錯誤の態様**　　客体の錯誤となる例としては，行為者がAを殺害しようとしてAと認識した人を射殺したが，その人が別人のBであった

場合がある。方法の錯誤となるのは，Ａを殺害しようとして拳銃を撃ったが，弾丸がそれてそばにいたＢに命中し，Ｂを死亡させた場合がある。因果関係の錯誤となるのは，溺死させるつもりで橋からつきおとしたところ，被害者が橋げたに頭部をぶつけて死亡した場合である。

(b) 抽象的事実の錯誤の態様　　客体の錯誤となるのは，覚せい剤を所持していると思っていたが，実際は麻薬を所持している場合である。方法の錯誤となるのは，隣の家の飼犬を殺害しようとして銃を撃ったところ，弾がそれて隣人に命中し，死亡した場合がこれにあたる。認識した結果と生じた結果が同一である因果関係の錯誤の事例は考えにくい。

(2) **事実の錯誤の理論**

> 第38条（故意）② 重い罪に当たるべき行為をしたのに，行為の時にその重い罪に当たることとなる事実を知らなかった者は，その重い罪によって処断することはできない。

刑法は事実の錯誤については38条2項しか規定していない。これは，責任主義の見地から，軽い犯罪事実を認識しつつ，重い犯罪事実を実現した場合には，発生した重い事実によって処罰してはならないということだけを述べるにとどまる。抽象的事実の錯誤で，軽い事実を認識し，重い事実を実現した場合について，重い罪で処罰してはならないことを規定するのみで，その場合にどのような犯罪が成立するのかすら規定していない。また，その他の錯誤の場合にはなんら規定していないのである。そこで，事実の錯誤の場合にどのように処理をすべきであるのかについて，さまざまな見解が主張される忘れてならないのは，事実の錯誤では，認識事実について未遂犯の成否が，発生事実について故意の存否が問われるのであり，前者は未遂論（不能犯論）と関連しているということである。そして，後者が事実の錯誤論の本来の領域である。

(a) 具体的符合説　　**具体的符合説**は，行為者の認識した事実とは発生した事実とがその行為の客体，結果発生にいたる因果経過において一致しなければならないと解する。そのため，同一構成要件内の錯誤であっても，事実の錯誤はつねに故意を阻却するとする。したがって，発生した事実についてはせいぜ

い過失犯しか成立しない。もっとも近年では，このように徹底した見解を主張するのではなく，緩和された具体的符合説（具体的法定符合説ともいう）が有力である。この説によれば，行為者は構成要件に該当する具体的な事実を認識する必要があるが，行為者の認識した事実と発生した事実とが構成要件的に符合する範囲で故意を認める。そのため，客体の錯誤および因果関係の錯誤の場合には故意を認めることになるが，方法の錯誤では故意を阻却すると解する。

(b) 法定的符合説（判例・通説）　**法定的符合説**は，行為者の認識した事実と発生した事実とが同一構成要件内の錯誤であるときは故意を阻却しないが，異なる構成要件にまたがるときは故意を阻却するものと解する。故意の成立には，構成要件該当事実の認識が必要である以上，同一構成要件内の錯誤は重要ではないと解する。構成要件に該当する事実を認識した以上，行為者は規範の問題に直面したのであり，客体の個別性など構成要件内の個別具体的な相違は重要ではないと理解することによる（抽象的法定符合説ともよばれる）。この見解によれば，具体的事実の錯誤の事例はいずれも故意を認めることに問題はないが，抽象的事実の錯誤では原則として発生した事実について故意を認めることはできないこととなる。

(c) 抽象的符合説　**抽象的符合説**は，行為者の認識した事実と発生した事実が構成要件的に符合しなくとも，抽象的に符合するかぎり故意を認める見解である。およそ犯罪を犯す意思で犯罪を実現した以上，つねに故意の既遂犯を認めることができるとする。この見解によれば，具体的事実の錯誤では故意を阻却しないばかりか，抽象的事実の錯誤の場合も，少なくとも軽い犯罪について故意既遂犯と重い犯罪についての過失犯の成立を認めることができる。しかし，この見解は，悪い意思を処罰すべきであるとの政策的配慮を重視するあまり，故意を抽象化し，非難可能でない領域までも処罰するものであるとの批判がある。

(3) 具体的事実の錯誤の処理

(a) 客体の錯誤　行為者が通りの角に隠れ，道を歩いてくるAを棒で殴ろうと待ち構えていると，かなり後方から足早に歩いてきたBがAを追い越し，来た人間をAだと思って追い越してきたBを殴打し，傷害を負わせた場合などである。法定的符合説，抽象的符合説によれば，Bに対する傷害罪の成立（暴

行ないし傷害の故意）を認めることができる。これに対して，徹底した具体的符合説の立場からは，Bに対する故意を認めることはできず，せいぜい過失致死罪が成立するにすぎない。ただし，近年の具体的符合説（具体的法定符合説）からは，法定的符合説と同様の結論となる。

(b) 方法の錯誤　　行為者が，Aを殺害しようと考え，拳銃を撃ったところ，弾丸がそれて隣にいたBにあたり，Bを殺害した場合が典型的な事例である。具体的符合説によれば，発生した事実について故意を認めることはできず，Aに対する殺人未遂罪とBに対する過失致死罪が認められるにすぎない。これに対して，法定的符合説および抽象的符合説によると，Bに対する殺人既遂が成立する点では争いがない。Aに対する罪責については，法定的符合説（抽象的符合説）のなかで故意の個数をめぐって見解がわかれる。

(c) 方法の錯誤における故意の個数　　方法の錯誤の場合，具体的符合説からはつねに発生した事実について故意は認められず，認識した事実についての未遂犯の成立可能性が問われるにすぎない。しかし，法定的符合説からは，発生した事実について故意を認めることに異論はないのに，認識した事実について故意の未遂犯を認めることができるかどうかという点で議論が存在する。

通説・判例は認識した事実についても故意犯の成立を認めるべきであるとする（**数故意犯説**）。人を殺そうとして規範の問題に直面した以上，たとえ認識しなかった客体に結果が生じても直接的な反規範的人格態度を認めることができること，複数の故意犯の成立を認めても，観念的競合として一個の故意犯の刑の限度でしか処罰されないことなどを理由とする。たとえば，警官を殺害して拳銃を奪う目的でびょう打ち銃でびょうを発射したところ，びょうが警官を貫通し，通行人にも命中し，二人に重傷を負わせた場合，二つの強盗殺人未遂罪が成立することになる（最判昭53・7・28刑集32巻5号1068頁）。

しかし，行為者には本来一個の殺人の故意しかないのに複数の故意犯の成立を認めることについて，責任主義に反するのではないかとの批判がなされる。そこで，法定的符合説の論者のなかには，一個の故意しかないときは故意犯は一個しか成立させるべきではないと主張する（**一故意犯説**）。ただ，当初意図した客体に結果が発生しなかった場合に，過失犯の成立を認めるかどうかという点で，その具体的な結論はさらにわかれることとなる。ただ，一故意犯説は，

本来認識していなかった客体にのみ故意を認め，故意の転用を容認すること，当初意図した客体への結果発生の有無といういわば偶発的な事情で故意の有無が左右されることなど，その技巧的な処理について批判がある。さらに，近年では，数故意犯説と一故意犯説の両者の問題を回避して，故意が一個である以上，観念的競合とするのは妥当ではなく，包括一罪として処理すべきであるとの見解もあらたに主張されている。

このような故意の個数の問題は，当初意図した客体以外に結果が併発する場合の多様な事例で問題となる（下表参照のこと）。

方法の錯誤と故意の個数

行為者の認識：Aの殺害

実際の結果	A B	死 死	死 傷害	傷害 傷害	傷害 死	なし 死	死 なし (危険のみ)
法定的符合説	数故意犯説 (観念的競合)	A：殺人既遂 B：殺人既遂	A：殺人既遂 B：殺人未遂	A：殺人未遂 B：殺人未遂	A：殺人未遂 B：殺人既遂	A：殺人未遂 B：殺人既遂	A：殺人既遂 B：殺人未遂
	包括一罪説	殺人既遂	殺人既遂	殺人未遂	殺人既遂	殺人既遂	殺人既遂
	一故意犯説 (A説)	A：殺人既遂 B：過失致死	A：殺人既遂 B：過失傷害	A：殺人未遂 B：過失傷害	A：過失傷害 B：殺人既遂	A：過失犯の未遂 （不可罰） B：殺人既遂	A：殺人既遂 B：不可罰
	一故意犯説 (B説)	上に同じ	上に同じ	上に同じ	A：不可罰 B：殺人既遂	A：不可罰 B：殺人既遂	A：殺人既遂 B：不可罰
具体的符合説		A：殺人既遂 B：過失致死	A：殺人既遂 B：過失傷害	A：殺人未遂 B：過失傷害	A：殺人未遂 B：過失致死	A：殺人未遂 B：過失致死	A：殺人既遂 B：不可罰

(4) 抽象的事実の錯誤

行為者の認識した事実と実際に生じた事実とが異なった構成要件にまたがる場合を抽象的事実の錯誤という。たとえば，隣の家の飼犬を殺害しようとして銃を撃ったが，弾丸がそれて，そばにいた家人にあたり，死亡した場合【例1】，あるいはその反対に隣人を殺害しようとしたが，そばにいた飼犬に命中して犬が死亡した場合【例2】が典型的な例である。

法定的符合説によれば，構成要件の一致が認められないため，行為者は現に生じた事実についての規範に直面していないから，故意を認めることはできない。事実の錯誤の原則にしたがい，認識した事実の未遂犯の成否と生じた事実の過失犯の成否を検討することになる。【例1】の場合，隣人の死亡の点については過失致死罪が成立するにとどまる。また，飼犬の殺害は器物損壊罪の問

題となるが，その未遂は処罰されていないため，その点については不可罰となる。【例2】の場合は，殺人未遂が成立するにとどまる。飼犬の死亡は過失の器物損壊といえるが，その処罰規定は存しない。

これに対して，抽象的符合説によれば，およそ犯罪意思がある以上，原則として生じた事実についての故意犯の成立を認めることとなる。【例1】の場合，軽い器物損壊罪の既遂と重い犯罪の過失犯である過失致死罪が成立し，両者は観念的競合となる。【例2】の場合は，重い犯罪の未遂と軽い犯罪の故意既遂犯のうちもっとも重い刑で処断する。したがって，殺人未遂と器物損壊の既遂のうち，もっとも重い殺人未遂で処断する。なお，抽象的符合説の内部においても，具体的にどのような犯罪を認めるかについては対立がある。

(5) **法定的符合の限界**

通説・判例である法定的符合説によると，抽象的事実の錯誤の場合，発生した事実について故意を認めない。しかしながら，認識した事実と発生した事実とが法定的に符合するかぎりでは，その範囲で故意犯の成立を認めることができるとする。そこで，法定的な符合の基準をどのように解するのかが問題となる。

(a) 構成要件的符合説　従来の法定的符合説では，法定的符合は構成要件的符合を意味するものとして理解されてきた。それゆえ，抽象的事実の錯誤の事案では，構成要件の重なり合いが認められる範囲でのみ生じた事実について故意を認めることになる。窃盗罪と強盗罪のように法条競合の関係，構成要件の大小関係が認められる場合がこれにあたる。しかしながら，判例は，占有離脱物横領の故意で窃盗罪の事実を実現した場合，占有離脱物横領罪の既遂の成立を認めている（最判昭32・11・8刑集11巻12号3061頁）。さらに，近年では，覚せい剤輸入罪と麻薬輸入罪のように異なった法律に規定される犯罪の間についても，構成要件の実質的重なり合いが認められるとして，故意の符合を認める（最決昭54・3・27刑集33巻2号140頁）。

たしかに，構成要件の罪刑法定主義機能を重視するなら，あくまで構成要件の形式的重なり合いを問題にすべきで，法条競合の場合にのみ故意の符合を限るべきであるといえる（形式的構成要件符合説）。しかしながら，通説によると刑法は行為規範として構成要件実現の禁止を一般人に提示されるのであるか

ら，構成要件は社会通念上の犯罪類型であり，実質的に理解すべきものといえる。そこで，構成要件の重なり合いを，保護法益，客体，行為態様の同一性を基礎にして，実質的に重なり合っているのかを問題とすべきであるとする（実質的構成要件的符合説）。判例の結論もこの通説の立場により説明できることになる。

(b) 法益符合説　刑法上の違法の実質が法益侵害であることから，法定的符合の実質も違法の実質に従って判断すべきであるとし，法益が一致している場合に故意の符合を認めるべきであるとする。構成要件を法益侵害を類型化したものであるとの理解によるものである。ただし，通説的な見解と結論的に著しく異なるわけではない。

(c) 不法・責任符合説　認識した事実と発生した事実とが構成要件の不法・責任内容の点で符合していれば，故意を認めることができるとする見解である。故意の対象が構成要件に該当する事実ではなく，その不法・責任内容であるとすることによる。ただし，この立場にあっても，類型的な構成要件的な不法・責任を問題とするのであり，そのかぎりで通説的見解と具体的な結論において相違はない。

(d) 罪質符合説　罪質が同一である限度において故意の符合を認めるべきであるとする見解である。この罪質がどのようなことを意味するのかが明らかでないが，法益侵害性を意味するのであれば，法益符合説あるいは不法・責任符合説と異なることはない。ただ，死体遺棄罪と遺棄罪との間にも符合を認めるのであれば，違法の質的相違を無視する点において抽象的符合説に近づくことになる。

(e) 38条2項の解釈　構成要件の形式的重なり合いだけを問題にするのであれば，38条2項はまさに当然のことを述べたにすぎず，行為者の認識した軽い犯罪事実の成立を認めるべきものと解釈される。しかしながら，構成要件の実質的重なり合いや法益の符合を問題にすると認識事実と発生事実が法定の枠組みからずれるため，どのような罪名を認めるべきであるのかが問題となる。

この場合，事実の錯誤が故意論の裏返しの問題であることに立ち戻る必要がある。すわなち，発生した事実について故意を認めることができるかどうかということが　事実の錯誤における中心問題である。したがって，まず重い犯罪

事実を認識しつつ軽い犯罪事実を実現した場合，両者が実質的に重なり合っているときは，軽い犯罪事実について故意を認めるべきである。したがって，軽い実現事実についての犯罪が成立する。次に，軽い犯罪事実を認識して重い犯罪事実を実現した場合には，行為者の認識に従って，軽い犯罪事実の成立を認めることになる。38条2項はこの意味で解釈すべきことになる。最後に，符合するふたつの犯罪が同一の法定刑であった場合には，客観的に実現した事実の故意が認められるのであるから，発生した事実についての犯罪が成立するものと解する。上記昭和54年の最高裁決定も同様に解する。

(6) **因果関係の錯誤**

行為者の認識した客体に行為者の認識した結果が発生したものの，その発生にいたる経過が行為者の認識と異なる場合を因果関係の錯誤という。この場合，発生した結果について故意を認めることができるのかが問題となる。具体的事実の錯誤として，錯誤を認める見解は，結果の帰属を否定し，故意未遂犯の成立を認める。錯誤を否定する見解は，故意既遂犯の成立を認める。

もっとも，因果関係の錯誤といわれるものも，いくつかに分類することができる。狭義の因果関係の錯誤，ウェーバーの概括的故意，早すぎた構成要件の実現がそれである。

(a) 狭義の**因果関係の錯誤**は，たとえば，川に溺れさせて殺害するつもりで，橋の上からつきおとしたところ，橋げたに頭をぶつけて脳挫傷により死亡した場合である。

(b) **ウェーバーの概括的故意**とは，殺害しようとして首を絞めたところ気を失って動かなくなったので，死亡したものと勘違いし，犯行を隠蔽するため気を失っている被害者を砂浜に放置したところ，砂末を吸引して窒息死したような場合である。

(c) **早すぎた構成要件の実現**とは，首を絞めて失神させて山の中へ運んで，そこで殺害するつもりであったのに，強く首を絞めすぎて，その場で死亡させてしまった場合である。

これらの因果関係の錯誤については，因果関係の問題であるのかそれとも事実の錯誤の問題であるのかについて，見解がわかれる。しかしながら，因果関係も構成要件要素である以上，故意の対象としてとらえるべきであるとするの

が通説である。そして，相当因果関係説を前提として，一般人の認識・予見可能性から相当因果関係が認められるときは，行為者の認識と現実の因果経過の相違が相当であるから，行為者に故意を認めることができるとする。もっとも，通説によるときは，因果経過が相当因果関係の範囲内にあるときは故意既遂犯を認めることになり，相当でないときは既遂故意を否定するとしても，そもそもその前提として既遂結果が客観的に帰属されず，未遂犯が成立する。それゆえ，実質的には行為者の故意の問題ではなく，因果関係の問題として論じるのと同様の結論になっていることに注意すべきである。

　ウェーバーの概括的故意の事例では，通説によると，首を絞める行為した者がその犯行の発覚を防ぐために死体を遺棄することは通常予想しうることであるから，絞殺行為と砂末の吸引による死との間に相当因果関係を認めることができ，因果関係の錯誤は故意に影響しないため，殺人罪の既遂を認めることができる（大判大12・4・30刑集2巻378頁）。

　早すぎた構成要件の実現の場合には，たとえ失神させるつもりでも，つい力が入りすぎることはよくあることであるから，結果との間に相当因果関係を認めることができ，行為者の認識と死の結果との間には相当性がある。したがって，殺人罪の故意を肯定することができる。

2　違法性の錯誤

第38条（故意）③　法律を知らなかったとしても，そのことによって，罪を犯す意思がなかったとすることはできない。ただし，情状により，その刑を**減軽**することができる。

(1) 違法性の錯誤の概念

　行為者の錯誤がその行為の法的評価，なかでも違法評価におよぶ場合，すなわち行為者の違法評価と裁判官の違法評価が相違する場合を**違法性の錯誤**という。より狭い意味では，行為者が違法でないと思って行為したが，実際には違法であった場合をいう。

(2) **違法性の意識の体系的地位**

　違法性の錯誤の処理をどのようにするかという問題は、違法性の意識またはその可能性の要否および体系的位置づけの問題と関連する。

　(a) **違法性の意識不要説**　違法性の意識は故意犯の成立要件ではないとする説である。判例がこのような立場であるとされている。法律の規制内容を通常市民は知る義務があるということをその根拠とする。ローマ法以来の箴言である「法の不知は宥恕せず」の考えによるともいえる。これに対しては、法を周知徹底させるのは国家の側の義務でしかなく、その不備をすべて行為者の負担に帰するのは不当であるとの批判がある。

　(b) **厳格故意説**　違法性の意識そのものを故意の要件・要素とする見解を厳格故意説という。この見解によれば、違法性の意識こそが故意を特徴づける本質的な要素であり、違法性の意識は「故意と過失をわかつ分水嶺」ともいわれることになる。規範的責任論を徹底させることにより、自己の行為の違法性を知りつつ行為した場合にのみ、行為者は反対動機を形成すべき規範の問題に直面するということを根拠とする。しかし、具体的妥当性において問題が生じる。行為者が違法でないと考え行為する場合、あるいは法的な無関心により行為した場合、違法性の意識を認めることは困難であり、故意犯として処罰しえなくなる。なかでも、確信犯や常習犯の場合がこれにあたる。

　(c) **制限故意説**　違法性の意識それ自体ではなく、違法性の意識の可能性を故意の要件であるとする見解である。この立場は、厳格故意説のように違法性の意識を行為者を基準として判断するのではなく、一般人を基準に判断するものといえる。しかし、違法性の意識とその可能性は概念的に異なり、これを事実認識と一体化して故意とすることへの概念矛盾の点が強く批判されている。類似の見解として、違法性の意識を故意の要素としつつも、違法性の錯誤の場合に、錯誤に過失があったときは、これを故意犯として処罰しうるとの見解もあるが、故意犯と過失犯を混同するという点に批判がある。

　(d) **責任説**　違法性の意識を故意の要件とはせず、違法性の意識の可能性を故意とは別個の責任の要件とする見解である。一般人がその行為を違法と思える場合、行為者に違法性の意識の可能性があり、行為者に非難可能性を認めることができるとする。また、違法性の意識の可能性が故意と過失に共通する

要件であるということもその根拠であるとする。故意を規範的評価である違法性の意識と分離するため，故意をたんなる構成要件的事実の認識として形式的に定めているとの批判がある。

(3) 38条3項の解釈

38条3項の本文の「法律」および同項の但書の意味が上記の違法性の意識の体系的位置づけに関する学説と関連し問題となる。

(a) 「法律」の意味　故意の要件に違法性の意識またはその可能性を含めない立場（違法性の意識不要説，責任説）によると，「法律」とは違法性を意味することとなり，違法性を意識していなくとも故意の成否に影響しないことを38条3項本文は意味しているものと解釈する。他方，故意の要件に違法性の意識またはその可能性を含める立場（故意説）からは，「法律」はまさに刑罰法規を意味し，38条3項本文は条文へのあてはめの錯誤が故意を阻却しないことを意味するものであると解釈することになる。

(b) ただし書の解釈　違法性の意識不要説からは，違法性の意識が欠如し，宥恕すべき場合について，情状による刑の減軽を認めたものと解釈される。厳格故意説では，条文へのあてはめを誤ったが，違法性の意識は存在する場合について，情状による減刑の可能性を認めたものと解釈される。これに対して，制限故意説・責任説の違法性の意識の可能性が故意犯の要件として認める立場からは，違法性の意識は可能であるが困難な場合に，減刑の可能性を認めるものであると解釈されることになる。

(4) 違法性の意識の内容

違法性の意識ないしその可能性が故意または故意犯の成立要件であるとする場合，認識すべき違法性の内容が問題となる。

(a) 前法律的規範違反説　違法性の意識を反社会性の意識など社会規範違反の意識とする見解であり，厳格故意説の論者により主として主張されている。このことによって，厳格故意説は上記の批判を回避することができる。しかしながら，前法的な規範違反の意識ではたして法的責任を論じてよいのかということが問題となる。

(b) 実定法規違反説　通説・判例は，違法性の意識を自己の行為が法律上許されないものであることの意識であると考える。これは，規範違反に質・量

は存在せず、法秩序は統一的であるとの理解が規定にあるといえる。
　(c) 刑罰法規違反説　　違法性の意識を自己の行為が刑罰法規の対象になるとの意識であると考える見解である。刑法は刑罰による社会的コントロールの手段であるとの理解から、刑法上違法か否かは国民の遵法意識の形成にとって重要な意味をもつということを根拠とする。
　(d) 可罰的刑法違反説　　違法性の意識を自己の行為が刑罰法規の対象になっているとの意識であると考える見解である。法定刑や処罰の対象となる行為であることを具体的に認識していることを要求する点でたんなる刑罰法規違反を要求する上記見解と異なる。ただ、法的効果としての刑罰は違法性・有責性を前提要件の一つとするのであり、有責性がその法律効果に左右されることにはある種の論理矛盾があるとの批判がある。

(5) **違法性の錯誤の処理**

　違法性の錯誤は、違法性の意識またはその可能性という要件に関連づけて処理される。違法性の意識をめぐる裏返しの問題であると理解されるのである。
　不要説によれば、違法性の錯誤は故意を阻却しないし、行為者の責任にも影響を与えない。厳格故意説からは、違法性の錯誤はつねに故意を阻却し、錯誤に過失があるときは過失犯処罰規定があるかぎりで過失犯として処罰されることになる。制限故意説によると、錯誤の点に相当の理由がある場合、または錯誤が回避不可能である場合、故意を阻却するものとする。責任説は、制限故意説と同様の判断をするが、故意でなく、責任を阻却させる点で異なる。また、責任説では、責任が阻却されなくとも、誤信の程度により刑が減軽されることが認められる。

(6) **違法性の錯誤の相当性（違法性の意識の可能性）の判断**

　責任説もしくは制限責任説に依拠する場合、違法性の錯誤のうちどのようなものについて責任を阻却すべきかということを判断しなければならない。この点、行為以前の調査義務を問題としてそに義務違反の有無により錯誤の相当性を問う見解もあるが、違法性の意識の可能性においても、責任能力と同様、行為と責任の同時存在の原則が妥当するのであり、その点に問題がある。あくまで、当該行為者がその知識と能力を発揮することによって自己の行為の違法性について意識しえたかどうかを問題にすべきである。

違法性の錯誤において，特に問題となるのが，行政機関などの公的機関に行為の違法性を照会し，その忠告にしたがって行為したが，違法であるのに違法でないと誤った内容を教えたような場合である。行為者が照会をした機関が当該行為あるいは法分野についての専門性がある場合には，行為者の側で教えられた内容が誤っていることに気付くことは困難であり，錯誤の相当性を認めることができるであろう。警官の個人的見解にしたがった場合には違法性の意識の可能性があるとする判例（最決昭和62・7・16刑集41巻5号237頁）がある。他方で，準公的な機関である映画管理倫理委員会の審査を通過した映画の上映がわいせつ図画陳列罪に問われた事件（東京高判昭和44・9・17高刑集22巻4号595頁），通産省（当時）の行政指導にしたがって石油の生産調整をした事件（東京高判昭和59・9・26高刑集33巻5号359頁）では，違法性の意識の可能性を否定している。

最高裁判所の判例にしたがって行為した場合には，判例が下級裁判所の判断を拘束する力をもつことに鑑みれば，違法性の意識の可能性がないとしてよい。ただし，判例変更が予想される場合には違法性の意識の可能性がないとはいえない（最判平成8・11・18刑集50巻10号745頁参照）。

(7) 事実の錯誤と法律の錯誤との区別

事実の錯誤は故意を阻却するが，違法性の錯誤は故意を阻却しない。そこで，具体的な事例において，錯誤がいずれの問題であるのかは行為者の罪責を決する上で重要となる。

一般的には，錯誤が行為の違法性ないし法的評価にかかわる場合が違法性の錯誤であり，事実にかかわる場合が事実の錯誤であるといえる。しかし，行政犯や規範的構成要件要素などの場合，法的評価が事実の認識にかかわるため，困難な問題が生じる。判例は，県令が「飼犬証票がなく，かつ飼い主が分からない犬を無主犬とみなす」と規定していたので，飼犬証票のない他人の犬を撲殺した事案で，この犬が他人の所有に属する事実についての認識を欠いていたとして，事実の錯誤としている（最判昭26・8・17刑集5巻9号1789頁）。この場合，他人性の法的評価の誤信があるため，これを違法性の錯誤と解すべきとの見解も主張されている。ただ，法的評価の誤信がつねに違法性の錯誤となるわけではなく，法的評価の誤信が犯罪事実の意味の認識を欠落させるときは，事実の錯誤と解すべきである。判例は，他人性についての意味の認識を欠くものと考

えたといえる。

　(a)　わいせつ性の認識　　わいせつ物頒布罪（175条）などにおけるわいせつ性の認識は，以前より，事実の錯誤と違法性の錯誤の限界が議論されてきたものである。最高裁は「問題となる記載の存在の認識とこれを頒布販売することの認識」でたりるとし，わいせつ性を具備するかどうかの認識までは必要としないと判示している（最大判昭32・3・13刑集11巻3号997頁）。175条を健全な性風俗を侵害する風俗犯と理解する以上，わいせつ性の程度いかんは実質的違法性の問題となり，その認識は違法性の意識の問題と考えることができる。そのため，芸術性が高くわいせつ物ではないという意識のもとに行為しても，通常ならばわいせつと考えられてしまうという認識では故意を阻却することはない。これに対して，ただなにかが書かれているとの認識しかないときは故意を阻却することになる。

　(b)　適法性の錯誤　　公務執行妨害罪における適法性についての錯誤は事実の錯誤であるか違法性の錯誤であるかが問題となる。適法性はその認識に評価を要するため，素人領域における平行評価がその意味の認識として必要となる（Lesson 12　故意　参照）。そのため，一般人が適法と評価しうる程度の認識があれば故意があるといえる。封印破棄罪における差押えについて形式的な軽微な手続違反があり，その軽微な違反を理由に差押標示は無効であると誤信したとしても，それは事実の錯誤ではない（最判昭32・10・3刑集11巻10号2413頁）。

　(c)　たぬき・むじな事件，むささび・もま事件　　その地方で十文字むじなと呼ばれる動物を，狩猟法により捕獲を禁止されているたぬきとは別の動物であると認識して捕獲したが，動物学上，たぬきとむじなは同一のものであったという事案で，判例は故意の成立を否定した（大判大14・6・9刑集4巻378頁）。これに対して，もまと呼ばれている動物が狩猟法で禁止されているむささびと同じ動物であると知らずに，むささびをもまとして捕獲した事案では，違法性の錯誤であると判断している（大判大13・4・25刑集3巻364頁）。

　この二つの事案は類似しているのに異なった結論が示されたため，この二つの判決は矛盾するのではないかと指摘されている。学説上も，判例に同調する見解，両者とも事実の錯誤であるとする見解，両者とも違法性の錯誤であるとする見解などがある。問題は，両者の別物であることが一般的に認められてい

たか，地方特有の俗称でしかないかということである。たぬき・むじなが前者の場合であり，むささび・もまが後者の場合であるとすれば，判例の結論も是認しうる。

ワーク 13　演習問題

【問】　1　次のうち正しいものはどれか。　　　　【法学検定試験3級程度】
(1)　他人の犬を自分の犬と思って殺害した場合，事実の錯誤である。
(2)　他人の犬と自分の犬がけんかをしているので，他人の犬を殺害しようとしたが，誤って自分の犬を殺害した場合，客体の錯誤である。
(3)　首輪をしていない犬は，たとえ他人の犬であっても殺害してよいと考えて殺害した場合は，法律の錯誤である。
(4)　12歳の少女でも，承諾があれば，177条後段の罪が成立しないと思って，その少女と同意のうえ性的関係を結んだ場合，事実の錯誤となる。

【問】　2　次の甲の罪責に関する記述のうち誤っているものを選びなさい。
　　　　　　　　　　　　　　　　　　　　　　　【法学検定試験3級程度】
(1)　甲は，乙がその飼犬と散歩している途中，乙に向けて投石したところ，犬に命中し，犬が死亡した。抽象的符合説によると器物損壊罪の責任を負う。
(2)　甲は，乙を殺害しようとして拳銃を発射したが，乙だと思っていたのは丙であり，丙は弾丸が命中して死亡した。法定的符合説からは，具体的符合説と異なる結論になる。
(3)　甲は，乙を殺害しようとして拳銃を発射したが，そばにいた丙を殺害してしまった。法定的符合説の内部においてその結論を相違する。
(4)　甲は，乙が犬と散歩しているのをみて，犬を殺害しようと考え，拳銃を撃ったが，弾は乙に命中し，乙が死亡した。法定的符合説の立場からは，甲に過失があった場合にのみ過失致死罪の責任を負う。

【問】　3　責任説の立場について述べた次の文章のうち誤っているものはどれか。　　　　　　　　　　　　　　　　　　【法学検定試験3級程度】
(1)　違法性の錯誤は故意の成否と関係なく，錯誤について相当の理由があ

るときは責任を阻却する。
(2) 刑法38条3項の規定における「法律」は違法性の意味であり，故意の成否と違法性の意識が無関係であることを述べたものと解すべきである。
(3) 刑法38条3項但書は，違法性の意識を欠いたことについて宥恕すべき理由があるときは刑を軽減する旨を定めたものと解釈すべきである。
(4) この説に対しては，故意をたんなる構成要件的事実の認識として形式的に定めることに批判がある。

(担当：石井徹哉)

Lesson 14　過　失

1　過失犯の処罰規定
(1)　過失処罰の明文規定
　刑法38条1項本文は,「罪を犯す意思がない行為は,罰しない。」として,犯罪は故意犯が原則である旨を定めているが,「ただし,法律に特別の規定がある場合は,この限りでない。」として,但書によりその例外を認めている。過失犯はこの但書により認められた故意によらない犯罪である。

　通常は,明文により「過失により……した者は」とか「失火により」といった表現で過失の場合も処罰する犯罪が特別に規定されている。また,中には,「重大な過失により」(**重過失**),「業務上必要な注意を怠り」(**業務上過失**)といった過失処罰規定をもつ犯罪もある(117条の2の失火罪・過失激発物破裂罪,129条2項の過失往来危険罪,211条の過失致死傷罪)。そして,注意義務違反の程度が重い重過失や業務上の過失の場合は通常の過失(**単純過失**)の場合と比べて刑が重くなっている。このうち業務上過失における業務の概念については問題がある。この場合の業務とは,人が①社会生活上の地位に基づき,②反復継続して行う事務であって,③各罪の法益侵害の危険を伴うものをいい,各罪種毎の特殊性も考慮の上画定されているが,たとえば,娯楽のための狩猟や休日のマイカー運転中の事故にも業務上過失致死傷罪の成立を認める等(最判昭33・4・18刑集12巻6号1090頁参照),刑事裁判実務ではかなり広汎に業務性を認定している。これに対して,学説の中には,業務の冠を付すかぎり本来の職務とせいぜいそれに付随する事務しか業務にあたらないとすべきだとする見解もある(内田文昭)。

(2)　明文なき過失処罰
　過失処罰の明文規定がないにもかかわらず,過失犯を処罰できるとされることもある(**明文なき過失犯**)。判例は,行政刑罰法令違反の場合,実態上過失

による違反が多い犯罪形態であるため（たとえば，各種届出義務違反や登録証明書等不携帯罪の場合），故意犯だけに限定したのでは法の実効性を期し難いとき，あるいは過失犯を処罰するのが当該法の趣旨であることを立法過程等から窺い知ることができるときには，「過失により」等の表現で条文に明示されていなくても過失犯処罰を肯定できる場合があることを認めている（最決昭28・3・5刑集7巻3号506頁，最決昭57・4・2刑集36巻4号503頁）。しかし，学説上は明文なき過失犯を認めるのは罪刑法定主義に反し，処罰の必要性があれば条文上明白に規定すればよいとする批判の声が高い。

2　過失とは何か——過失犯の構造

(1) 認識ある過失と認識なき過失

過失は**認識ある過失と認識なき過失**に区別されることがある。前者はいったんは結果発生を予見しながらも，不注意により，後にこれを打ち消したものをいい，後者は不注意により，はじめから結果発生を予見していないものをいうが，いずれも認識が行為動機と結びついていない点では共通であり，ことさら両者を区別する意義はないとするのが現在の一般的な見方である。

(2) 旧過失論と新過失論

次に，刑法上過失（注意義務違反）とは何かを考える際には，学説上大別して二つの異なった見解があることを理解しておかなければならない。一つは，過失とは不注意な心理状態をいい，注意していれば構成要件該当事実を認識・予見することができたにもかかわらず（**予見可能性**），予見しなかったこと（結果の不予見，**結果予見義務違反**）が過失の本質であり，結果の不予見以外の点では過失犯は故意犯と変わらないとする**旧過失論**であり，もう一つは，結果を予見できたかどうかよりも，むしろ結果回避義務を尽くさなかったこと（**結果回避義務違反**）の方が重要な過失の本質であるとする**新過失論**である。旧過失論によると，過失として論じられるのは故意に至る可能性のある心理状態であったか否かという点だけになり，過失はもっぱら責任要素であるのに対して，新過失論によると，結果発生防止のために社会通念上遵守すべきである基準行為から逸脱したか否かの判断が中心となり，過失行為は違法性のレベルでも故意行為とは異なるということになる。このような判断構造上，違法論における

結果無価値論の立場からは旧過失論が，行為無価値論の立場からは新過失論が採られている。

(3) 両説の相違

　ところで，両説による過失のとらえ方の違いは実際上どのような形であらわれるだろうか。

　理論上は，新過失論によれば，結果予見義務違反があっても結果回避義務違反がない場合には，過失はないということになるのに対して，結果予見義務違反（ないしは予見可能性）の有無のみを問題にする旧過失論によれば，過失はあるということになる（もっとも，旧過失論によっても，故意犯と共通要件である行為の実質的危険性が否定されたり，あるいは違法阻却事由や他に責任阻却事由があれば過失犯は成立しない）。そして，新過失論に立てば，結果回避義務を判定するに際しては行政法規により定められた基準行為からの逸脱が問題視され，行政法規違反の有無が過失の認定に強く結びつく。新過失論によれば，行政法規を守った場合，または違反があっても仮に基準行為を遵守しても結果が回避できなかったであろうような場合には結果回避義務違反は否定されることになる。たとえば，自動車運転中法定速度超過で人をはねて死亡させたが，仮に法定速度を遵守したとしてもやはり同じ結果が生じたというような場合には，基準行為を遵守しても結果回避不可能な場合であるから，法はそのような結果を回避せよとはいえないとするのである。

　もっとも，実際には，予見可能性があるのに結果回避義務が否定される場合は想定し難いこと（そもそも両説の想定する予見可能性の程度に差がみられ，旧過失論の方が高度の予見可能性を求める傾向が強い），新過失論にいう基準行為からの逸脱の有無の判断は，旧過失論にいう実質的に危険な行為が行われたか否かの判断と重なること，新過失論にいう結果回避可能性の有無の判断と同種の判断を旧過失論では有責性判断で行っていること等から，両説の構造上の違いが反映して具体的事案の解決の場面で直ちに大きく結論が異なる事態を招くとまではいえないだろう。

　刑事裁判において実際に争点になるのは，旧過失論からも新過失論からも過失犯の成立要件とされている「構成要件該当事実の予見可能性」の有無である。

3 構成要件該当事実の予見可能性
(1) 予見可能性の程度・対象

　問題は，過失犯が成立するには，①構成要件該当事実をどの程度予見可能でなければならないか，さらに，②特定の客体に対する結果発生まで予見できなければならないのか等の点である。

　まず，①の点につき，**具体的予見可能性説**と**危惧感説**の対立がある。通説である具体的予見可能説は，具体的結果とそれに至る因果経過の基本的部分の予見可能性がなければならないとする（なお，因果経過の基本的部分とは，それを認識すれば一般人ならば構成要件的結果を予見し得るだけの中間項を意味し，結果の予見が可能であれば因果経過の予見可能性は不要であるとする中間項理論（前田雅英）も提唱されている）のに対して，危惧感説の論者は，科学技術の発展に伴ういわゆる「未知の危険」による事故に対処するために，何らかの事態が発生するかもしれないという漠然たる不安感があれば足りるとする（藤木英雄，板倉宏）。危惧感説は，新過失論の立場から発展したもので，結果回避措置を講ずることが注意義務の本体であるならば，予見可能性は結果回避義務を動機づける程度のものであればよいとするのである。しかし，危惧感説は，新過失論の立場からも，責任主義の見地から否定されるべき結果責任を被告人に負わすおそれがあると批判され，少数説にとどまっている。

　裁判例では，森永ドライミルク事件差戻審判決（徳島地判昭48・11・28刑月5巻11号1473頁）において「予見可能性は具体的因果関係を見とおすことの可能性である必要はなく，何事か特定できないが，ある程度の危険が絶無であるとして無視するわけにはいかないという程度の危惧感があれば足りる」として危惧感説が一度採用されたこともあった。しかし，後に北大電気メス事件控訴審判決（札幌高判昭51・3・18高刑集29巻1号78頁）が，「結果発生の予見とは，内容の特定しない一般的・抽象的な危惧感ないしは不安感を抱く程度では足りず，特定の構成要件的結果及びその結果発生に至る因果関係の基本的部分の予見を意味する」と明示して，危惧感説を否定するに至っている。

　次に，②の点について，具体的予見可能性説の内部でも，特定の客体に対する結果発生を予見できなければならないのか，それとも結果は構成要件的に特定されていれば足りるのかについての争いがある。この点につき，貨物自動車

の運転手が無謀な運転により後部荷台に無断で乗車していた2名を死亡させた事例に関して、最高裁は、「被告人において、右のような無謀ともいうべき自動車運転をすれば人の死傷を伴ういかなる事故を惹起するかもしれないことは当然認識しえたものというべきであるから、たとえ被告人が自車の後部荷台に前記両名が乗車している事実を認識していなかったとしても、右両名に対する業務上過失致死罪の成立を妨げない」と判示して、特定の客体の存在を認識していなくても、人の死傷が予見できればよいとしている（最決平1・3・14刑集43巻3号262頁）。学説上は、判例と同様、行為の客体を具体的に予見することができなくても、自己の行為から「人の死」という構成要件的結果が発生することの予見可能性があれば足りるとする立場と、特定の客体（その人）に対する結果の発生が予見可能でなければならないとする立場が対立している。

(2) 予見可能性の判断基準

誰を基準に予見可能性（もしくは注意能力）の有無を判断すべきかについては、行為者本人の能力を基準にして結果の発生を予見できたか否かを判断する行為者標準説と、一般人の能力を基準にする一般人標準説、通常は一般人の能力を基準にするが、行為者の能力が一般人を下回っているときは行為者の不利な事情を考慮しなければならないとする折衷説の立場に分かれる。さらに、近年では、予見するための知的、身体的能力については行為者を基準とし、慎重さ、配慮の程度については一般人を基準にする能力区別説も有力である。判例は、被告人の立場に置かれた一般通常人の注意能力を基準にしている（最判昭27・6・24裁判集刑65号321頁）。

4　信頼の原則

(1) 判例理論の確立

自動車運転には危険が伴う。それでは、事故を起こした以上加害者となった運転手は常に過失の責めを負うべきであろうか。もちろん加害者と被害者の双方の不注意により事故が発生する場合も多い（この場合を「過失の競合」という）。しかし、場合によっては、被害者や第三者があまりに不適切な行動をとったために加害者が被害者をはねてしまうこともあり、加害者に過失責任を課すのは酷な場合も出てくる。そこで過失責任を限定づける法理として実務上

登場したのが信頼の原則である。**信頼の原則**とは，行為者がある行為をなすにあたって，他人が適切な行動をとるものと信頼しており，その信頼が相当であるような場合には，あえて他人の不適切な行動まで予想してまで，事故の発生を未然に防止すべき注意義務はなく，結果が発生しても行為者はその責任を負わないとする原則である（西原春夫）。とくに道路交通の領域では，最高裁が昭和41年に信頼の原則を採用するに至り（最判昭41・12・20刑集20巻10号1212頁），以来同原則を適用する最高裁判例が相次いで出されたため，同原則は過失認定に関する判例理論として確固たる地位を確立している。

現在では，信頼の原則は，道路交通以外の，たとえば，チーム医療等の共同作業の行われる分野や監督過失の領域においてもその適用が認められている（前出電気メス事件控訴審判決，最判昭63・10・27刑集42巻8号1109頁）。

(2) 信頼の原則の体系上の地位と適用限界

信頼の原則が予見可能性を限定するものなのか，それとも結果回避義務を限定するものなのかについては学説上争いがある。おおむね旧過失論からは前者が，新過失論からは後者が採られている。

本原則の適用の限界として，自ら交通法規などに違反した行為者にも適用があるかが問題になるが，本原則を予見可能性の問題とする立場は適用を肯定するが，結果回避義務の問題とする立場は信頼の原則とは交通法規を遵守している行為の結果回避義務を免除する趣旨であり，交通違反者にその適用は認めがたいとする傾向にある。判例では，行為者に交通法規違反がある場合にも適用を認めている（最判昭42・10・13刑集21巻8号1097頁）。

5 監督過失

(1) 監督過失の意義

企業や団体等の組織的な活動に伴い事故が発生した場合，事故を直接引き起こした者や現場にいて危険防止業務に携わっていた者の過失だけでなく，事前に事故防止対策を講じておかなかった組織の上位者の不注意が問題になり，むしろ後者の過失（怠慢）こそが事故を招いた最大原因であるとされることが多い。このような上位者の過失が**監督過失**（広義。**管理監督過失**ともいう）といわれる問題である。

広義の監督過失は，被監督者（直接行為者）を監督すべき地位にある者が，被監督者に対して適切な行為をとるよう指導・監督すべきであったにもかかわらずこれを怠ったため（監督義務違反），被監督者の不適切な行為から結果を生ぜしめた場合の監督者の過失をさす**狭義の監督過失**と，事故を防止するために，事前に人的な安全体制を確立し，あるいは物的な安全設備や結果防止のための設備を設置・管理すべき義務があるのに怠ったため（管理義務違反），結果を生ぜしめた場合の管理者の過失をさす**管理過失**のことをいう。たとえば，近年の判例では，ホテルで火災が発生し，スプリンクラーや防火扉等が設置されておらず，従業員による避難誘導もなかったために宿泊客等に大勢の死傷者が出た場合，ホテルの経営者に対する業務上過失致死傷罪の成立を認めるが，この場合，日頃から万が一の火災に備えてホテルの安全対策を講じておかなかったという**事前の安全体制確立義務違反**を内容とする管理過失を理由にするものが多くみられる（「ホテルニュージャパン火災事件」最決平 5・11・25刑集47巻 9 号242頁等）。

　もっとも，監督過失論が通常の過失犯論とは異なる特殊な理論であるわけではない。理論的には一般の過失犯と同様のことが妥当するものと考えられている。ただ，監督過失の場合，管理・監督者は事故当時現場にいなかったり，あるいは自分の管理面の懈怠や監督不行届きから結果発生までの間に被監督者や第三者の不適切な態度が介入したりするため，因果関係や管理・監督者の具体的予見可能性の有無等が問題になることが多い。また，ホテル等の火災事件では，いつ起きるかわからない火災の発生を前提にする宿泊客の死傷結果の予見可能性が具体的なものといえるかどうかも疑わしい（松宮孝明）。さらに，企業内部でどのような地位・立場にある者に監督義務や事前の安全体制確立義務を課すのかといった問題も起こる（これは監督過失が不作為形態をとることによる）。たとえば，判例の中には，営業中のデパート内の 2 階から 3 階への階段の上がり口付近で原因不明の火災が発生し，3 階店内に延焼して各階に燃え広がり，同デパートの防火管理体制が不備であったため，店内にいた多数の者が死傷した事件につき，デパートを経営する株式会社Ｔの代表取締役Ａ，筆頭常務取締役Ｂ，取締役人事部長Ｘ，3 階の売場課長兼火元責任者Ｙ，営繕部課員で店舗本館の防火管理者に選任されていたＺが業務上過失致死傷罪で起訴され

たが，A，Bは第一審係属中に死亡，残るX，Y，Zの過失の有無が問われたところ，控訴審が全員に有罪判決を下したのに対して，最高裁が破棄自判して全員を無罪としたものがある（「大洋デパート火災事件」最判平3・11・14刑集45巻8号221頁）。この最高裁判決は，不特定多数の客が出入りする施設の防火管理上の注意義務を負うのは第一義的には代表取締役であるとして，経営トップに，管理権原者として，適切な防火管理者の選任から防火施設の整備，避難訓練等に至るまでの防火管理に関する重い注意義務が課せられていることを明言する一方で，平取締役や中間管理職らには実質的に防火管理業務に携わっていないかぎり，防火管理義務も上司に対する進言義務もないとした。さらに名目上は防火管理者に選任されていても，「防火管理上必要な業務を適切に遂行できる権限を持つ地位にある者」でなければ注意義務を負わないとして，組織や権限配分の実態を考慮して刑法上の注意義務を負う者の範囲を画している点が注目される。

(2) **監督過失と信頼の原則**

　道路交通の場面で発展してきた信頼の原則を監督過失の場合にも適用できるかについては議論があるが，通説・判例は適用を認めている。監督者であっても四六時中被監督者を監視しているわけにはゆかず，被監督者の能力を信頼して業務を委ねるのが現実である以上，監督者の被監督者に対する信頼が相当なものであれば，被監督者を信頼して業務を委ねた監督者には過失はないとするのである。もっとも，監督者はただ漠然と従業員（被監督者）を信頼して業務を任せたままにすることは許されない。同原則の実際の適用に際しては，個別事例毎に，①監督者が従業員の適切な態度を信頼しうる基盤が客観的にも存在すること，②具体的状況下において監督者が従業員を信頼できない特別事情が存在しないことが慎重に吟味されることになる。具体的には，監督者は従業員に危険な作業を従事させるにあたって，事前に従業員に対する安全教育や事故・災害防止のための人的・物的な安全体制作りを行い，その具体的実施状況を定期的にチェックしていたかとか，当該従業員がその知識・経験・能力等から適切な行動をとってくれることを期待できる者であったか等の事情が考慮される。従業員の不適切な行動やその兆候等をとくに認識していた場合等の信頼できない特別事情がある場合には，監督者の過失責任は肯定される。なお，

放っておいても従業員が当然果たしてくれると思われる行動をとらないことまで考慮に入れて監督義務を尽くす必要はなく，裁判例では，病院の火災事件につき，火災の発生を知ったときに，職業人として当然果たすべき行動を当直看護婦や夜警員も採るであろうことを信頼（期待）することは許されるとして病院長に業務上過失の成立を否定したものがある（「白石中央病院火災事件」札幌高判昭56・1・22刑月13巻1＝2号12頁）。

ワーク 14　演習問題

【問】　以下の記述のうち，正しいものを一つ選びなさい。

【法学検定試験3級程度】

(1)　交通事故を起こして人を負傷させた場合，判例は行為者に交通法規違反があればただちに信頼の原則の適用を否定している。

(2)　判例によると，たとえ被告人が自ら運転する貨物自動車の後部荷台に被害者が乗車している事実を認識していなかったとしても，自分の無謀な自動車運転から人の死傷を伴ういかなる事故を惹起するかもしれないことを当然認識しえた場合には，当該被害者に対する業務上過失致死罪が成立する。

(3)　監督過失の領域では信頼の原則の適用は認められない。

(4)　判例によると，休日にマイカーでドライブしている最中に人をはねて負傷させた場合は業務上過失傷害罪ではなく，過失傷害罪または重過失傷害罪が成立する。

（担当：北川佳世子）

Lesson 15　未　遂

第43条（未遂減免）　犯罪の実行に着手してこれを遂げなかった者は，その刑を減軽することができる。ただし，自己の意思により犯罪を中止したときは，その刑を減軽し，又は免除する。
第44条（未遂罪）　未遂を罰する場合は，各本条で定める。

1　未遂犯とは

　犯罪が行われる場合，行為者が犯罪実現を決意し，次にその決意を実現するためにさまざまな準備行為がなされ，その後犯罪実行によって意図した結果に到達するという過程をたどる。刑法では単なる決意は処罰されない。刑法典では，犯罪実現の段階として，①**陰謀**罪，②**予備**罪，③**未遂**罪，④**既遂**罪の四段階を処罰している。陰謀罪としては，内乱陰謀罪（78条），外患陰謀罪（88条），私戦陰謀罪（93条），予備罪としては，内乱予備罪（78条），外患予備罪（88条），私戦予備罪（93条），放火予備罪（113条），通貨偽造等準備罪（153条），殺人予備罪（201条），身代金誘拐等予備罪（228条の3），強盗予備罪（237条）を規定している。このように極めて重大な犯罪に限って予備・陰謀が処罰されている。
　刑法は犯罪実現の最終段階である既遂（実行行為によって，犯罪が完全に実現された場合）の処罰を基本として，その処罰範囲を未遂・予備・陰謀の段階へと拡張している。そこで，未遂犯は**修正された構成要件**（**構成要件の修正形式**）といわれる。刑法典では，43条で未遂犯の成立要件を規定している。いかなる犯罪について未遂が処罰されるかについては，個別に規定するという方法をとっているが（44条），重要な犯罪については未遂処罰が一般化されている。また，未遂犯の刑は既遂犯の法定刑に従うが，刑を減軽することは可能である（**刑の任意的減軽**）。この点では，未遂・既遂の同一刑主義をとる主観主義刑法

理論の影響があると評価することもできる。

未遂犯とは，犯罪の実行に着手したが，これを遂げなかった場合をいう。ただし，自己の意思により中止した場合は**中止未遂・中止犯**（→Lesson 17 中止犯参照）とされ，その刑は減軽または免除しなければならない（**刑の必要的減免**）。自己の意思によって中止された未遂以外を**障害未遂**という。なお，未遂犯は**着手未遂**と**実行未遂**とに区別できる。両者は実行行為が終了しているのか否かで区別できる。着手未遂とは，実行に着手したが未だ実行行為が終了していない場合である。たとえば，殺人の意思でピストルを発砲しようとしている場合がそうである。実行未遂とは，実行行為が終了している場合であり，殺人の意思でピストルを発砲したが弾丸が命中しなかったり，命中したが死の結果が発生しなかった場合である。実行行為の終了時期の問題は中止犯でとくに問題となる。

犯罪の実行に着手したことが，未遂犯成立の第一の要件である。第二の要件としては，実行に着手された犯罪が完成するに至らなかったことである。犯罪の完成に至らないこととは，構成要件の内容を完全に実現しなかったことである。客観的に構成要件の内容が完全に実現されれば，犯罪は既遂となる。

```
意思決定→　陰謀・予備→　実行の着手→　実行行為の終了→　既遂
                          着手未遂        実行未遂
```

2　実行の着手

(1) 学　説

実行の着手については，未遂犯の処罰根拠との関係で，従来，主観説と客観説が対立してきた。

(a) **主観説**は**主観的未遂論**をとる近代学派（新派）の立場から主張された。主観説は，犯意の成立がその遂行的行為により確定的に認められるとき，犯意の飛躍的表動があったとき，犯意の存在が二義を許さず一義的に認められるときに実行の着手が認められるとする。ここでは，犯意が客観的に表明されることが重要な要件とされている。しかし，主観説では犯意が外部に表明された段

階で実行の着手を認めることから，殺人の目的でピストルをもって住居に侵入すれば殺人の未遂となるが，客体にピストルが向けられてもいない段階で殺人未遂を認めることになり，予備と未遂の区別ができないという批判を免れない。現在では主観説は支持されていない。

　これに対して，**客観説**は客観的未遂論をとる古典学派（旧派）の立場から主張された。客観説は実行の着手を客観的に確定しようとするので，行為の客観的側面に重点が置かれることになる。客観説の中でも，形式的に犯罪構成要件に該当する行為の開始をもって実行の着手を認める形式的客観説，実質的に法益侵害発生の危険をもって実行の着手を認めようとする実質的客観説が対立している。

　(b)　**形式的客観説**では構成要件に該当する行為が開始されないと実行の着手が認められないことになり（たとえば，殺人の場合は人を殺そうとする行為の開始，窃盗の場合は財物の窃取行為の開始に実行の着手を認めることになり），処罰範囲が狭くなりすぎる。そこで，現在では，形式性を一部緩和して，犯罪構成要件に直接密着する行為や犯罪構成要件の直前に位置する行為の開始をもって実行の着手を認める見解も主張されている。

　(c)　**実質的客観説**の内部においても，①犯罪構成要件を実現する現実的危険性をもつ行為を開始したことを実行の着手とする**実質的行為説**（福田平，大塚仁），②法益侵害の危険性が具体的程度（一定程度）以上に達した時点で実行の着手を認める**結果説**（山口厚，前田雅英）が対立している。(d)なお，行為者の犯罪計画全体から見て法益侵害の切迫した危険が生じた時点で実行の着手を認める**折衷説**（西原春夫，野村稔）も主張されている。現在の議論の中心は，実質的行為説と結果説の対立にある。実質的行為説は「**行為の危険**」を問題とするのに対して，結果説は「**結果としての危険**」を問題とするところに決定的な差がある。結果説は実行行為と実行の着手の分離を認めるが，実行の着手から未遂犯の実行行為が始まるという実行行為概念を否定することにもなり，妥当ではない。実行の着手とは実行行為の開始であるという前提に立つ限り（その意味で形式的客観説の枠組みは正当である），構成要件の実現に至る危険性を有する行為の開始に実行の着手を認める通説（実質的行為説）が妥当である。

　実行の着手を巡る学説は，**未遂犯の処罰根拠**をどのように考えるのかという

問題と切り離すことはできない。刑法の任務を行為規範違反性に求める行為無価値論に立てば，形式的客観説か実質的客観説・実質的行為説がとられることになる。これに対して，法益侵害に着目する結果無価値論に立てば，実質的客観説・結果説がとられることになる。

なお，実行の着手の認定にあたって，主観的事情すなわち故意が影響するのかという問題については，法益侵害の現実的危険性の判断は客観的に行われるべきであり，故意を考慮する必要はないという見解も主張されている。しかし，そもそも行為は主観・客観の両面から構成されており，実行の着手も主観・客観の両面から考察すべきである。また，故意を主観的違法要素と解する立場に立てば，実行の着手の判断において故意を考慮することは当然である。また，行為者の主観的事情を考慮しなければ，ピストルを向ける行為が，殺人行為なのか，脅迫行為なのか，ふざけているのかを区別することは現実に不可能である。殺人の故意で犬の散歩をしている人に向けてピストルを発砲したら，その弾丸が人と犬の間を貫通したという講壇事例で，行為者の主観的事情を考慮せず，物理的客観的にのみ危険性を判断することは妥当でない結論を導き出す（「疑わしきは被告人の利益に」の原則に従い無罪とされる場合もありうる）ことになり妥当ではない。なお，行為者の主観的事情を考慮する場合に，行為者の犯罪計画まで考慮に入れるかについては議論がある。

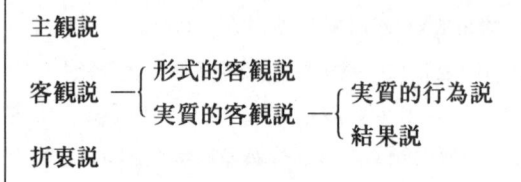

```
主観説
客観説 ─┬ 形式的客観説
        └ 実質的客観説 ─┬ 実質的行為説
                        └ 結果説
折衷説
```

(2) 具体的事例

それでは，具体的にどのような場合に実行の着手が認められているのであろうか。判例ではかつては形式的客観説がとられ，窃盗罪については窃取に密着する物色行為——金品物色のためにタンスに近寄ったとき（大判昭9・10・19刑集13巻1473頁），物置内で目的物を物色したとき（大判昭21・11・27刑集25巻55頁），食料品窃取の目的で住居侵入後財物を物色したとき（最判昭23・4・17刑集2巻4

号399頁)——に実行の着手が認められてきた。最高裁は，窃盗目的で電気店に侵入後，懐中電灯で真暗な店内を照らし電気器具を見つけたが，なるべく現金を盗りたいと思いレジスターのある煙草売場の方に行きかけたときに実行の着手を認めている（最決昭40・3・9刑集19巻2号69頁）。この事例では物色行為以前の段階で実行の着手を認めており，実質的客観説に近づいたと評価することができるが，形式的客観説の密接行為・直前行為に該当すると解釈することもできる。最近の裁判例としては，下着窃取の目的でアパートのベランダに置かれている洗濯機の蓋を持ち上げたとき（東京地判昭63・2・10判時1306号144頁），窃盗目的で内蔵の外側の錠や壁等の破壊を開始したとき（大阪高判昭62・12・16判タ662号241頁），金員窃取の目的で自動車のドアの鍵を開けるとき（東京地判平2・11・15判時1373号144頁）に実行の着手を認めたものなどがある。強姦罪については，最高裁は強姦の目的で女性をダンプカーに引きずり込もうとしたときに実行の着手を認めている（最決昭45・7・28刑集24巻7号585頁）。実質的客観説に従って，実行の着手を認めたと評価できるであろう。放火罪については，焼身自殺の目的で家屋の和室等にガソリンを撒布し，しばらくして最後のタバコを吸おうとして廊下でライターに点火したところ，その火が撒布したガソリンの蒸気に引火して爆発し家屋を全焼させたという事例について，ガソリンを撒布した時点で実行の着手を認めた裁判例もある（横浜地判昭58・7・20判時1108号138頁）。実質的にはガソリンを撒布すれば，目的物の焼毀（焼損）に原因を与える行為が開始されたとみることができるので，実質的客観説に従っていると評価できるであろう。

(3) **実行の着手を巡る問題**

実行の着手は，とくに間接正犯（→Lesson 18 共犯論 参照）と原因において自由な行為（→Lesson 11 責任論 参照）において問題となる。

間接正犯の実行の着手時期については，利用者の行為（Aが幼児Bに物を盗ってこいと命ずる行為）に実行の着手を認める**利用者基準説**と，被利用者の行為（幼児Bが物を盗ろうとした行為）に実行の着手を認める**被利用者基準説**が対立している。結果説は被利用者基準説と結びつくが，実質的行為説は利用者基準説に立つ。間接正犯者の行為に実行の着手を認める利用者基準説が通説であるが，被利用者基準説も有力である。ただし，利用者基準説の中にも，利

用者の行為に犯罪実現の現実的危険性が認められない場合には，被利用者の行為に実行の着手を認めることを承認する見解（この見解では，間接正犯を利用行為という先行行為と先行行為に基づく防止義務違反という不作為の複合体であると理解する）もある。なお，判例では，被利用者の行為の開始時点で実行の着手を認めている（大判大7・11・16刑録24輯1352頁——本件は離隔犯（郵便機関を利用とした間接正犯）の事例であり，殺害の目的で毒物が混入した砂糖を小包で郵送したが，小包到達時点で実行の着手を認めた）。離隔犯における実行の着手について，行為無価値論を基礎とすれば，実行行為の開始時点，すなわち，発送時に実行の着手を認める発送主義がとられることになる。

　原因において自由な行為の実行の着手についても，原因において自由な行為が間接正犯と同じ構造をもつと考えられるので，間接正犯の実行の着手と同様な問題が生じる。通説は原因行為の開始に実行の着手を認める。通説では，完全な酩酊状態で殺害を企て，飲酒を開始した時点で殺人罪の実行の着手を認めざるをえないが，飲酒行為に殺人の現実的危険性を認めることは病的酩酊に陥る性質があるような場合を除き一般的には無理がある。したがって，故意の作為犯については，現在では，結果行為に実行の着手を認める見解が有力である。過失犯や不作為犯の場合は，原因行為の開始に実行の着手を認めることは，比較的容易である。

　なお，不作為犯（→Lesson 5　不作為犯　参照）の実行の着手についても固有の問題がある。特に，真正不作為犯（不退去罪，不解散罪等）については，挙動犯であるため未遂の余地はないとされてきたが，最近では未遂犯成立を肯定する見解も有力である。しかし，現実には真正不作為犯の未遂を処罰する必要性はあまりない。過失犯や結果的加重犯についても未遂の成否が問題となるが，過失犯にも実行行為としての過失行為が存在する以上，未遂犯の観念をいれる余地はある。ただし，現実的には過失犯の未遂は不処罰である。結果的加重犯についても，基本犯である故意犯と重い結果についての過失犯との複合的形態の犯罪であると理解すれば，未遂犯を考えることは可能である。

ワーク 15　演習問題

【問】　以下の記述のうち正しいものを一つ選びなさい。

【法学検定試験3級程度】

(1)　Xは強盗の目的で住居に侵入したが，誰もいなかった。まわりを見回したが金目のものは何もなかったので，そのまま帰った。Xには強盗未遂罪が成立する。

(2)　Xは殺人の目的でピストルを購入しそれを携えてY宅に向かっていたが，途中で雨が降ってきたので今日は日が悪いと引き返した。Xには殺人未遂罪が成立する。

(3)　Xは強姦の目的で住居に侵入し女性の寝室を捜していたところ，帰宅した女性に発見され大声で騒がれたためその目的を達しなかった。Xには強姦未遂罪は成立しない。

(4)　Xは倉庫内の食料品を窃取しようとして，倉庫の鍵をピッキングして開けた倉庫に入ろうとしたときに警備員に見つかりそのまま逃げた。Xには窃盗未遂罪は成立しない。

（担当：末道康之）

Lesson 16　不　能　犯

1　意　義

　不能犯とは，行為者の主観においては犯罪の実行に着手したつもりであったが，現実には結果の発生が不能でありこれを遂げることができないために，未遂犯として処罰しえないものをいう。いいかえると，不能犯は，外観上は未遂犯が成立するように見えるが，構成要件の内容を実現する可能性，すなわち法益侵害の危険性がないために，不可罰とされる場合である。それゆえ，「**未遂犯**」とされるか「**不能犯**」とされるかは，わが国ではただちに行為者の処罰，不処罰の別を意味することになる。

　不能犯と未遂犯の区別は，未遂犯の処罰根拠との関連で，「**法益侵害**」の危険性の有無，すなわち，違法性の問題として議論されている。かつて，未遂犯の処罰根拠に関して，主観主義刑法理論は，行為者ないし行為者の意思の危険性を軸とした主観的未遂論に基づいて主観説（純主観説および抽象的危険説）を主張し，客観主義刑法理論は，行為の危険性を軸とした客観的未遂論に基づいて客観説（客観的危険説および具体的危険説）を主張していた。しかし，主観主義刑法理論そのものが衰退するに及んで主観説も勢力を失うに至り，近時の議論の中心は，客観的未遂論に立脚した客観的危険説と具体的危険説の争いに移っている。

　不能犯論は，違法の本質をめぐる**結果無価値論**（物的不法論）と**行為無価値論**（人的不法論）の対立を反映するだけに，法益侵害の危険の「捉え方」をめぐって，客観的危険説と具体的危険説とが，鋭く対立することになる。

2　不能犯学説
(1)　主　観　説

(a)　純主観説　　**純主観説**は，未遂犯の処罰根拠を行為者の性格の危険性に

求める。したがって，行為者の危険な性格は，犯罪意思が行為として外部的に明確に現れたときに確認されるので，原則的に不能犯を否定することになる。すなわち，犯罪意思があり，その徴表としての行為がある以上，客観的に結果の実現が不可能であっても，未遂犯としての当罰性に欠けるところはないとされるのである。この立場では，危険判断の対象（判断基底）を「行為者の性格」とするが，いわゆる「迷信犯」の場合にのみ，現実的な手段に訴えるような性格の危険性がないことから，その行為も違法とはなりえないとするにとどまる（宮本英脩）。

(b) 抽象的危険説（主観的危険説）　　**抽象的危険説**は，未遂犯の処罰根拠を行為者の意思の危険性に求める。この立場では，危険の判断基準と判断基底について，それぞれ「一般人の見地」，「行為者が行為当時に認識した事情」とし，行為者の認識事実が現実であったとした場合に，一般人の見地から結果発生の危険性があるとされるときが未遂犯，ないとされるときが不能犯であるとする（木村亀二）。純主観説とは，一般人の見地を判断基準とする点で異なる。したがって，行為者が砂糖で人を殺そうとした場合には，一般人の見地からは，砂糖で人を殺せないのであるから，不能犯とされる。他方，毒物と砂糖を取り違えて人に服用させた場合には，行為者の「毒物」であるという認識を基礎として，それが現実であった場合には客観的に結果発生の危険（抽象的危険）があるといえるので，未遂犯とされる。

(2) 客 観 説
(a) 客観的危険説（絶対不能・相対不能説）　　**客観的危険説**は，未遂犯の処罰根拠を行為の法益侵害の危険性に求め，客体および手段に抽象的・客観的危険がなく，およそ結果の発生が不能（**絶対不能**）である場合を不能犯とし，たまたま結果の発生が不能（**相対不能**）である場合を未遂犯とする。この立場では，危険の判断基準と判断基底について，それぞれ「物理的（科学的）見地」，「行為当時に存在した全事情」とし，なされた行為を物理的見地から事後的に観察し，行為者の主観をまったく排除して，もっぱら行為の客体または手段の性質だけから，結果発生の可能性を判断する点に特徴がある。たとえば，客体に関して，ベッドに発砲したところ死体であった場合は絶対不能となり，たまたまベッドが空であった場合には相対不能となる。手段に関して，毒物と

取り違えて砂糖を服用させた場合は絶対不能となり，たまたま毒物が劣化して毒性が弱まっていた場合には相対不能となる。

(b) 具体的危険説（通説）　**具体的危険説**は，未遂犯の処罰根拠を法益侵害の危険性に求める。この立場では，危険の判断基準と判断基底について，それぞれ「一般人の見地」，「(行為当時に存在した全事情において) 一般人が認識できた事情および行為者がとくに認識していた事情」とし，なされた行為によって結果が発生しなかったことを前提としつつ，行為当時に立ち返って一般人の見地から事前的に観察し，結果発生の危険性がある場合を未遂犯，危険性がない場合を不能犯とする。客観的危険説が，行為当時に存在した全事情を等価値的に判断基底においた事後判断であるのに対して，具体的危険説は，具体的な行為状況において一般人が知りうる事実および行為者が知っていた事実のみに限定し，これを判断基底においた事前判断である点で異なる。

ここで，具体的危険説が，判断の資料とする一般人の認識可能性と行為者の認識は次のような意義をもつ。すなわち，行為時に客観的に存在する事情については，一般人にとって認識不可能であるとしても行為者がとくに認識していた場合には，「行為者の認識」が客観的危険性を基礎づけるうえで補充的に働く。他方，客観的には存在しない事情については，行為者が存在すると認識したとしても一般人も合理的にその存在を認識することができなければ，客観的危険性を基礎づけえないことから，「一般人の認識可能性」が制約的に働くことになる。たとえば，砂糖を服用させて殺害を図る行為は，相手が重度の糖尿病患者であることを行為者がとくに認識していた場合には，具体的危険の発生を認めうるのに対して，砂糖を毒物と誤認して服用させた場合には，一般人も同様に誤認しうるような行為状況がないかぎり，具体的危険の発生を認めえないことになる。後の例のように一般人の認識可能性が制約的に働く場面は，抽象的危険説との対比においてとりわけ鮮明になる。というのも，抽象的危険説は，行為者の意思内容のみで危険を基礎づけるために，この場合には，抽象的危険がある行為として，未遂犯の成立を肯定するからである。

3　判　例

大審院の判例（犯人の意思，実行が絶対にその予見した結果を惹起させるこ

とのできないものであるときにかぎり不能犯が成立するとした，大判明44・10・12刑録17輯1672頁など）以来，判例は，絶対不能・相対不能説を採っていると解されている。たとえば，堕胎を企てたがすでに胎児が死亡していた事案（大判昭2・6・17刑集6巻208頁）や，人の殺害手段として致死性のない硫黄を施用した事案（大判大6・9・10刑録23輯999頁），爆発力を失った手榴弾を投擲した事案（東京高判昭29・6・16高刑集7巻7号1053頁），覚せい剤の主原料が真正の原料でなかった事案（東京高判昭37・4・24高刑集15巻4号210頁）などについて絶対不能とする一方，金員窃取目的でポケットに手を入れたがたまたま現金がなかった事案（大判昭7・3・25新聞3402号10頁，ほかに東京高判昭28・9・18判特39号108頁，福岡高判昭29・5・14判特26号85頁），椀箱および膳箱内の紙屑に放火したにすぎない事案（大判昭12・12・22刑集16巻1690頁），密輸出を企てたが予期した船舶が当日たまたま来航しなかった事案（最判昭23・8・5刑集2巻9号1134頁），人を殺す目的で炊飯釜中に青酸カリを入れたが，その炊いた米飯が黄色を呈し臭気を放っていた事案（最判昭24・1・20刑集3巻1号47頁），通常致死量にあたる分量の青酸カリを服用させたがたまたま純度が低かったために致死量に満たなかった事案（東京高判昭25・11・9判特15号23頁），実包を装塡していた拳銃がたまたま故障していた事案（東京高判昭26・6・9判特21号106頁），ストリキニーネを鮒の味噌煮に混入したが，激しい苦味を呈していた事案（最判昭26・7・17刑集5巻8号1448頁），殺人の目的で米麦飯に多量の猫イラズを投入したが，そのため飯から強い臭気を放っていた事案（高松高判昭27・10・7高刑集5巻11号1919頁），人を殺す目的で致死量以下の空気を静脈内に注射した事案（最判昭37・3・23刑集16巻3号305頁）などについては相対不能としている。

　具体的危険説を採ったものと解されている判例としては，下級審ではあるが，拳銃で射殺された被害者にとどめを刺すために日本刀で突き刺した事案につき，犯人が行為当時被害者の生存を信じていたばかりでなく，一般人をもってしてもそのように信ずるであろうと考えられる状況下であるとして，殺人未遂罪が成立するとしたもの（広島高判昭36・7・10高刑集14巻5号310頁），勤務中の警察官から奪取した拳銃を人に向けて引き金を引いたが，たまたま実弾が装塡されていなかった事案につき，制服を着用した警察官が勤務中，右腰に着装している拳銃には，常時，弾が装塡されているべきものであることは一般社会に認めら

れていることであるとして殺人未遂罪が成立するとしたもの（福岡高判昭28・11・10判特26号58頁），一酸化炭素を含まない天然ガスを室内に充満させて無理心中を図った事案につき，諸般の状況から，一般人は，それが天然ガスであっても，都市ガスを室内に漏出させることは，その室内に寝ている者を死に致すに足りる危険な行為であると認識しているとして殺人未遂を認めたもの（岐阜地判昭62・10・15判タ654号261頁）などが挙げられる。

4　具体的事例の検討
(1) 客体の不能
(a) 死体に対する殺人　XはAを殺そうとして拳銃を発射し3発命中させたが，この発射音を聞いて駆けつけたYは，Xに応援加勢するため，とどめを刺すつもりでAの腹部等を日本刀で突き刺した。ところが，鑑定の結果，AはXの行為によってすでに死亡していたことが判明した。

本設例は，前出・広島高判昭36・7・10の事案であるが，具体的危険説によれば，前述のように未遂犯とされる。これに対して，客観的危険説によれば，事後的に見ると，Yの行為時にAがすでに死亡している以上，生命侵害の危険は現実に発生しなかったのであるから，不能犯とされる。

殺人罪について問題となる事例として，空ベッドのケースがある。Xは，寝具の状態からAが寝ているものと思って，Aを殺す意思でベッドに向けて発砲したが，Aは外出中であった場合がそれである。この場合，具体的危険説によれば，一般人であっても寝具等の外観からAが就寝中であると受け取りうる状況であれば，未遂犯の成立が肯定される。これに対して，客観的危険説によれば，事後的に見れば，客体が現実には存在しないのであるから，これに対する法益侵害の危険性は発生せず，不能犯とされる。

(b) 空ポケットへのスリ　Xは，電車内で通勤途中のAの財布をスリ取ろうとして上着の右ポケットに手を差し入れたが，財布が左ポケットに入っていたため目的を果たせなかった場合，具体的危険説によれば，通勤途上の者が財布を持っていることが通常の事態である以上，未遂犯とされる。これに対して，客観的危険説の論理を一貫するならば，事後的に見れば，右ポケットには財布が入っていなかったのであり，それに対する法益侵害の危険性は発生しないの

であるから，不能犯とされることになる。しかし，客観的危険説の立場から，窃盗罪の行為態様が財物の占有侵害に求められる以上，Aが財布をいっさい持ち合わせていなかった場合はともかくとして，Xの行為によって，Aの直接支配下にある財布に対する占有侵害の危険が発生したものと認められる場合には，未遂犯となるとする見解が主張されている（曽根威彦）。

(2) 方法の不能

(a) 手段の取り違え　Xは，Aを殺害するために毒薬を購入し戸棚に隠していたが，実行に際して隣に置いてあった砂糖の入ったビンと取り違えたために，殺害の目的を遂げなかった場合，具体的危険説によれば，二つのビンがきわめて類似し一般人も誤認する可能性があるような状況であれば，結果発生の危険を認めて未遂犯とされる。これに対して，客観的危険説によれば，現実には砂糖を飲ませたにすぎないため，結果発生の危険がないので，不能犯とされる。

(b) 手段の作用についての錯誤　Xは，勤務中の警察官から拳銃を奪取して，Aに向けて引き金を引いたが，実弾が装塡されていなかったため発射せず，その目的を遂げなかった。

本設例は，前出・福岡高判昭28・11・10の事案であるが，具体的危険説によれば，前述のように未遂犯とされる。これに対して，客観的危険説によれば，事後的に見れば，弾の込められていない拳銃の引き金を引いても，結果発生の危険はないのであるから，不能犯とされる。

また，中に入っていた爆薬は爆発可能であったが，点火装置が破損し，導火線も機能しない手榴弾を，安全装置をはずして人に投げつけた場合（前出・東京高判昭29・6・16），客観的危険説によれば，現実には爆発する可能性がなく結果発生の危険はないので不能犯とされるが，具体的危険説によれば，一般人にとって爆発しないことが外見上明らかである場合を除いて，結果発生の危険が認められ未遂犯とされる（平野龍一）。

(c) 手段の効果についての錯誤　Xは，Aの静脈内に空気を注射しいわゆる空気栓塞（せんそく）を起こさせてこれを殺害する意思で，Aの両腕の静脈内に注射器で一回ずつ空気合計30〜40ccを注射したが，致死量に至らなかったために殺害の目的を遂げなかった。

本設例は，前出・最判昭37・3・23の事案であるが，最高裁判所は，絶対不能・相対不能説（客観的危険説）の立場から，「被注射者の身体的条件その他の事情の如何によっては死の結果発生の危険が絶対にないとはいえない」と判示し，相対不能として未遂犯の成立を認めた。これに対して，本事案の控訴審判決は，具体的危険説の判断枠組を採り入れ，医学的には空気を70～300cc静脈に注射すれば空気栓塞による致死の結果が生ずるとしても，「医師ではない一般人は人の血管内に少しでも空気を注入すればその人は死亡するに至るものと観念」しているところであり，「人体の静脈に空気を注射することはその量の多少に拘らず人を死に致すに足る極めて危険な行為であるとするのが社会通念」であるとして，帰結としては最高裁判所と同じく未遂犯の成立を認めている。本設例の場合，具体的危険説によれば，正確な科学的知識をもち合わせていない一般人でも行為者と同じように誤認することが合理的であるならば，これを判断基底に入れることになるので，結果発生の危険を認めて，未遂犯とされる。これに対して，客観的危険説が，（一般人ないし科学的一般人の見地からではなく）科学的・物理的見地からの事後判断を徹底するならば，この場合も「およそ砂糖で人が殺せるか」，「およそ空ピストルで人が殺せるか」という問いと同様に，「およそ致死量に満たない毒薬で人が殺せるか」と問いかけることになり，不能犯とされることになる。しかし，客観的危険説の立場から，前述の(a)，(b)の場合のような危険の「存否・質」に関する問題ではなく，危険の「程度・量」に関する問題であるので，科学的・物理的事情を基礎としつつも，危険性という評価的判断が不可避なものである以上，社会経験上一般に危険を感ずる場合として，未遂犯が認められるべきであると主張されている（曽根威彦）。

(3) **主体の不能**

Xは，公務員でないにもかかわらず，自分は公務員であると誤認して賄賂を収受した場合のように，身分者でないのに身分者であると誤認して，構成要件的行為にあたる行為を行った場合に，身分犯の未遂が成立するか，ということが問題となる。設例の場合，具体的危険説も客観的危険説も未遂犯の成立を認めず不能犯としている。しかし，「身分」の範囲について学説上争いの激しい背任罪（247条）においては，非事務者が自己を事務者と誤信して背任行為を

行った場合，客観的危険説によれば，身分のない非事務者の行為によって未遂の危険が発生することはないことから，（主体の）絶対不能として不能犯とされるが，具体的危険説によれば，一般人も行為者と同様の錯誤に陥ることは必ずしも稀有のこととはいえないので，不能犯とすることには困難がともなう。この問題に関して，主体の不能の場合は，義務違反的要素が欠けるので不可罰となるとする見解（野村稔）や，不能犯ではなく幻覚犯として不可罰となるとする見解（中義勝，川端博）が主張されている。また，可罰的な未遂犯と不可罰的な不能犯を分ける前提となっている「危険概念」に拠らずに，行為の主体，客体，行為の手段，行為状況などの構成要件要素が欠如している場合には，「構成要件の欠缺（事実の欠缺）」として，形式的に不可罰性を基礎づける見解も主張されている（「構成要件欠缺の理論」。小野清一郎，団藤重光）。

ワーク 16　演習問題

【問】　次の事例のなかで，判例によって不能犯とされているものを一つ選びなさい。　　　　　　　　　　　　　　　　　【法学検定試験3級程度】

(1)　現金を窃取する目的で，通行人のポケットに手を入れて財布をスリ取ろうとしたが，そのポケットには現金が入っていなかったために，窃盗の目的を遂げなかった。

(2)　人を殺害する目的で，通常致死量にあたる分量の青酸カリを服用させたが，純度が低く致死量に満たなかったために，殺害の目的を遂げなかった。

(3)　都市ガスを室内に充満させて無理心中を図ったが，一酸化炭素を含まない天然ガスであったために，その目的を遂げなかった。

(4)　人を殺害する目的で，実包を装塡していた拳銃を人に向けて引き金を引いたが，拳銃が故障していたために，殺害の目的を遂げなかった。

(5)　人を殺害する目的で，手榴弾を投擲したが，爆発力を失っていたために殺害の目的を遂げなかった。

(担当：對馬直紀)

Lesson 17　中　止　犯

1　意　義

> 第43条（未遂減免）　犯罪の実行に着手してこれを遂げなかった者は，その刑を減軽することができる。ただし，自己の意思により犯罪を中止したときは，その刑を減軽し，又は免除する。

中止犯とは，犯罪の実行に着手した後，自己の意思によって，その犯罪を中止することをいう。中止犯は，行為者が犯罪の実行に着手していること，既遂結果が発生していない（発生しても結果の帰属が否定される＝因果関係がない）ことが前提となるから，未遂犯（広義の未遂犯＝可罰未遂）の一種である（→Lesson 15　未遂　参照）。そのため，中止犯は，「**中止未遂**」といわれることもある。

しかしまた，中止犯は，既遂結果不発生の理由が行為者の自発的な中止意思および中止行為に求められる点において，行為者の意思と無関係に存在した意外な障害が原因となって既遂結果不発生に終わる通常の未遂犯（**障害未遂**＝狭義の未遂犯）から区別される。この区別に対応して，刑法は，障害未遂に関しては「その刑を減軽することができる」(43条本文，傍点筆者) として「任意的」な刑の「減軽」という法律効果（**刑の任意的減軽**）を規定しているのに対して，中止犯については「その刑を減軽し，又は免除する」(43条但書，傍点筆者) として「必要的」な刑の減軽または「免除」という法律効果（**刑の必要的減免**）を規定し，障害未遂に比較して中止犯を寛大に取り扱っている。

《未遂犯の分類》

既遂結果不発生（最広義の未遂犯）
- 実行の着手あり＝可罰未遂（広義の未遂犯）
  - 障害未遂（43条本文）（狭義の未遂犯）
  - 中止犯（43条但書）
- 実行の着手なし＝不能犯（不能未遂）

2　中止犯の法的性格

　上述のとおり，中止犯は，通常の未遂犯（障害未遂）に比較して，寛大な取扱いを受けるが，中止犯について刑が必要的に減免される根拠を明らかにしようとする場合，**中止犯の法的性格**（犯罪の成立・その処罰にいかなる観点からどのような影響を及ぼす事情なのか）が問題となる。この点について，明確に判断を示した判例はなく，学説が対立している。

(1)　刑事政策説

　法律は，43条但書を規定することにより，犯罪の実行に着手した者に対しても，既遂結果が発生する最後の瞬間まで，犯罪遂行の中止を期待する趣旨を表明した（中止すれば寛大に取り扱うという「後戻りのための黄金の橋」を架けた）ものと理解する。そして，期待どおりに犯罪を中止した行為者に対しては，刑の必要的減免という褒賞（ほうび）が与えられ，そうすることによって，犯罪が既遂に至ることを防止するという刑事政策の目的が達成されると説く。

(2)　法律説

　刑法の「法律効果としての刑罰」を必要的に減免することの根拠は，これに対応する刑法の「法律要件としての犯罪」の成立要件の中で探究するべきであるという立場を法律説という。したがって，犯罪の成立要件と無関係に必要的減免の根拠を説明する刑事政策説と対立する。

　法律説には，①行為者が犯罪遂行の意思（故意）を放棄するという規範適合的意思を行為に表明したことによって（主観的要素が違法性の程度に影響を与えると理解する立場からの主張），そして，一度は惹起した既遂結果発生の危険を事後的に減少させ，または解消したことによって，障害未遂の場合よりも

さらに違法性が減少することが刑の必要的減免の根拠だと理解する違法減少説，②実行に着手して既遂結果発生の危険を生じさせた以上，未遂犯の処罰に必要な違法性は完全に認められ，事後的に危険が減少しても違法性の程度に影響することはない（したがって，障害未遂と中止犯とは，違法性の程度に違いはない）という理解を前提に，違法行為を行いながら自発的に結果惹起の意思を放棄して犯罪を未遂にとどめた点について責任非難が減少することが刑の必要的減免の根拠であると説く責任減少説，③その両者を肯定する違法・責任減少説がある。

(3) 併用説

刑事政策説だけで中止犯の法的性格を説明するべきではない（したがって，法律説による説明は不可欠である）が，かといって刑事政策的考慮を無視することもできないとして，両者を併用して中止犯の法的性格を説明する立場を併用説という。法律説の①②③それぞれと刑事政策説を併用する見解が主張されている。

3　中止犯の成立要件

《中止犯の成立要件》
中止行為 ｛ 実行行為終了前──→着手中止：不作為による中止で足りる
　　　　　 実行行為終了後──→実行中止：作為による中止が原則必要
任意性 ｛ やろうと思えばやれる状況で中止決意──→任意性あり
　　　　 やろうと思ってもやれない状況で中止──→任意性なし
＊「やろうと思えばやれる」状況の判定基準
　①行為者自身が「やれる」と思う状況（主観説）
　②一般人が「やれる」と思う状況（客観説）
　③行為者・一般人が「やれる」と一致して思う状況（折衷説）

中止犯として刑の必要的減免という取扱いを受けるためには，犯罪の実行に着手した行為者が，①自己の意思により（任意性），②犯罪を中止したこと（中止行為）が必要である。中止犯の成立を検討する場合，まず中止行為が

あったといえるか否か，中止行為があったとして，その中止行為は行為者の自発的な意思に基づいたものといえるか（中止行為に任意性があるか）否か，が問題となる。

(1) 中 止 行 為

43条但書にいう「犯罪を中止した」とは，既遂犯として犯罪を完成させない行為（**中止行為**）をしたことをいう。中止行為には，可罰未遂（広義の未遂犯）における着手未遂と実行未遂の区別（→Lesson 15 未遂 参照）に対応して，着手中止と実行中止がある。

(a) 着手未遂の段階における中止（着手中止）　　**着手中止**とは，ひき殺そうとして人に向けて自動車を発進させたが人に衝突する直前でひき殺すことを止めた場合のように，実行行為に着手したが，その実行行為が終了する以前に，実行行為の継続を取り止めることによって，既遂結果の発生を阻止することをいう。実行行為が終了していない着手未遂の段階で中止する場合は，それ以上実行行為を続行しなければ結果が発生することはないといえるから，実行行為を続行しないという不作為を中止行為とみることができる（**不作為による中止**，不作為については，Lesson 5　不作為犯　参照）。

(b) 実行未遂の段階における中止（実行中止）　　**実行中止**とは，ひき殺そうとして自動車を人に衝突させ致命傷を負わせたが，被害者が死亡する前に病院に運び込んで救命した場合のように，実行行為に着手してその実行行為が終了したが，既遂結果が発生する以前に，既遂結果の発生を阻止することをいう。既遂結果を発生させる危険性がある実行行為がすでに終了した以上，放置すれば既遂結果が発生してしまうのが通常であるため，実行未遂の段階で中止する場合は，結果発生を阻止するための積極的な行為が必要となり，とどめをささないという単なる不作為を中止行為と認めることは困難となる。そのため，実行中止の場合に中止行為と認められるためには，実行行為が終了しても既遂結果発生の危険が著しく低いというような例外的場合を除き，原則として，作為による結果発生防止行為が要求されることになる（**作為による中止**，作為については，Lesson 5　不作為犯　参照）。

(c) 実行行為の終了時期（着手未遂と実行未遂の区別）　　上述のように，着手未遂の段階における中止と実行未遂の段階における中止とを区別し，それ

ぞれにおいて要求される中止行為の内容が異なるとすると，着手未遂と実行未遂を区別する基準となる**実行行為の終了時期**が，中止行為の内容を確定する要素として，重要な意義を有することになる。この点に関しては，①行為者の主観的な犯行計画を基準とする主観説，②行為の外形や客観的事情から判断して既遂結果発生の危険が招来されたか否かを基準とする客観説，③因果経過の進行を積極的に遮断しなければ既遂結果が発生してしまう段階に至ったか否かを基準とする因果関係遮断説が主張されている。

たとえば，殺意をもって，連発式拳銃から弾丸を一発発射したという場合，①主観説によると，弾丸が相手に命中しようがしまいが，行為者が一発で殺そうと考えていた場合は終了未遂，さらに続けて弾丸を発射しようと計画していた場合は着手未遂（実行行為の一部が遂行されただけで，終了していない）となる。②客観説によると，弾丸がまったく見当外れの方向に飛んでいった場合は別として，弾丸が命中したか否か，行為者がさらに発砲する意図を有していたか否かにかかわらず，発砲行為により人が死亡する危険が認められる以上は，実行行為は完了したものとして終了未遂となる。③因果関係遮断説によると，弾丸が命中して致命傷を与えた場合は，放置すると死亡するという段階に至っているから終了未遂，弾丸が命中しなかった場合，命中しても生命に別条ない軽傷にとどまった場合は，そのまま因果経過が進行しても生命侵害に至ることはないから，さらに弾丸を発射することが可能であるかぎり，実行行為は未だ終了しておらず着手未遂となる。

判例には，日本刀で被害者の肩付近を斬りつけ，さらに二の太刀を加えようとしたところを共犯者に制止され思い止まったという事例に関し，被告人は致命傷を与えたとは考えておらず，攻撃続行も可能であったと認定したうえ，被害者の受傷は長さ22cmの切創で深さも骨に達しておらず，出血多量による死亡の危険を認める証拠もないことを理由に，着手未遂と判示したもの（東京高判昭51・7・14判時834号106頁），頭部めがけて牛刀で一撃し，これを腕で防いだ被害者の左前腕部に切傷を負わせたところ，被害者から助命を哀願されて殺害を断念したという事例に関し，行為者は一撃で殺害できないときは追撃して殺害する意図を有していたし，追撃も困難でなかったと認定し，着手未遂と判示したもの（東京高判昭62・7・16判時1247号140頁），被害者を刺身包丁で1回刺し

て止めた事例につき，行為者に何回も刺す意図がなく刺突行為も1回で終了している事実を指摘したうえ，被害者の左腸部めがけて肝臓に達する深さ約12cmの刺創を負わせた1回の刺突行為自体に殺害結果を発生させる危険があるとして，実行未遂と判示したもの（大阪高判昭44・10・17判タ244号290頁）などがある。

　(d) 着手中止・実行中止の区別を重視しない見解　　この点，近時，着手未遂か実行未遂かという形式的区別によるのではなく，結果発生に向けて因果経過（→Lesson 6　因果関係　参照）が進行を開始したか否かによる実質的な区別を主張する見解が有力化している（大谷實，前田雅英，山口厚など）。この見解によると，上述の因果経過が進行を開始していない段階であれば，それ以上の行為を行わなければ因果経過が進行を開始することはなく既遂結果発生に至らないから，不作為による中止で足りるのに対して，上述の因果経過がすでに進行を開始しているときは，その進行を遮断しなければ既遂結果が発生してしまうから，作為による中止が必要となる。

(2) 真摯な努力としての中止行為

　判例によれば，行為者の行った結果発生防止行為が中止行為と認められるためには，行為者が「真摯な努力」をもって行為すること（**中止行為の真摯性**）が必要である（大判昭13・4・19刑集17巻336頁）。また，他人の助力を得て結果発生を防止した場合にも中止行為を認めることはできるが，その場合には，行為者自身が防止したと同視するに足りる程度の真摯な努力によって結果の発生を防止することが必要となる（大判昭12・6・25刑集16巻998頁）。

　したがって，放火した後，他人に「放火したから，よろしく頼む」と叫びながら走り去ったところ，他人の消火活動により焼損に至らなかったという場合（大判昭12・6・25刑集16巻998頁），犯行後，被害者を病院に運び込み医師の手術により救命したが，その直前に凶器を川へ投げ捨てて犯跡を隠滅しようとし，病院でも自分は発見者であり犯人ではないと虚言を弄し，医師に受傷からの経過時間・凶器の形状等の具体的情報を提供しなかった場合（大阪高判昭44・10・17判タ224号290頁），被害者を刺した後，被害者を人のいる場所まで運んだが，それは他人から指示されて行ったもので，応急措置や医者の手配も他人が行い，医師の処置により一命をとりとめたという場合（新潟地長岡支判昭38・5・17下刑

集5巻5＝6号551頁）のように，なんらかの結果防止行為を行い，他人の助力を得て結果の発生を防止したとしても，行為者自身が防止したと同視するに足りる程度の真摯な努力によって結果の発生を防止したとはいえない場合は，中止行為とは認められない。

(3) 中止行為の任意性

43条但書にいう「自己の意思により」とは，行為者が自発的に中止を決意したことであるが，これを**中止行為の任意性**という。任意性の判定基準については，学説にも争いがあり，判例の立場も明確ではない。

(a) 主観説　外部的障害が存在するため犯罪を遂行することができないと認識したことが，行為者が中止を決意する動機となった場合には任意性を否定し，それ以外の場合に，任意性を肯定する。行為者自身の主観的認識内容を前提に，任意性の有無を判断する。ドイツの刑法学者フランクが提唱した公式（**フランクの公式**）の基準を採用し，行為者が，①「たとえ成し遂げることができるとしても，成し遂げることを欲しない（やろうと思えばやれるが，やろうと思わない）」ため中止を決意した場合に任意性があり，②「たとえ成し遂げることを欲したとしても，成し遂げることができないと思った（やろうと思っても，やることができないと思った）」場合に中止を決意しても任意性は否定される。

大審院の判例は，この立場に依拠するものが多く，たとえば，外部的障害の原因が存在しないにもかかわらず，内部的原因により（行為者の意思と無関係な事情によって強制されることなく）任意に実行を中止するか，もしくは結果の発生を防止した場合が中止犯であるとし（大判大2・11・18刑録19輯1212頁），殺意をもって被害者の胸部に短刀を突き刺したが流血のほとばしるのをみて恐怖心から止めても，流血がほとばしるという事情は意外の障害にほかならないから中止犯ではないとしている（大判昭11・3・6刑集16巻272頁）。

(b) 限定主観説　主観説が任意性を肯定する場合をさらに限定し，単に「やろうと思えばやれるが，やろうと思わない」というだけでなく，中止を決意した理由が，悔改(かいかい)（悔い改めること），慙愧(ざんき)（恥じ入ること），同情，憐憫(れんびん)（あわれみ）等の広義の悔悟に求められる場合に限り，任意性を肯定する。

(c) 客観説　行為者が中止を決意する原因となった事情が，社会一般の通

念に照らして犯罪遂行の障害とは考えられない性質のものである場合に，任意性を肯定する。逆に，一般人であれば犯行を思い止まるのが通常だといえる外部的・物理的障害の存在を認識したことが，行為者の中止決意の原因である場合は，任意性が否定される。つまり，行為者自身が「やれる」と思ったか否かに関係なく，「行為者と同じ立場・状況におかれた一般人（平均的な判断力・決断力を有する人）ならば，やろうと思えばやれると考える」客観的状況を認識している行為者が中止を決意した場合に，任意性を肯定することになる。

　最高裁の判例は，この立場に依拠しているとみられており，たとえば，被害者を姦淫しようとしていた現場を駅に停車した電車の前照灯によって照明され，さらに被害者の陰部に挿入していた人差指から手の甲を伝わり手首に至るまで赤黒い血が一面に付着しているのを見て驚愕して姦淫を中止した事例に関し，これらの事情は性交経験のない被告人にとって犯行遂行の障害となる事情として客観性がなくはないとして，驚愕の原因となった事情が客観的にみて犯行の遂行にとり障害となる性質のものである場合は中止犯ではないとし（最判昭24・7・9刑集3巻8号1174頁），殺意をもってバットで実母の頭部を殴打し死亡したと思っていたところ，間もなく実母に呼ばれて戻り，流血し苦しんでいる実母を見るに及んで驚愕恐怖し殺害を断念したという事案につき，如上のような事情の下に犯行完成の意力を抑圧されて中止したのは，犯罪の完成を妨害するに足りる障害に基づくものと認定して，任意性を否定している（最判昭32・9・10刑集11巻9号2202頁）。また，最高裁の判例ではないが，犯行時刻が遅すぎ発火が明け方になる可能性があることから，犯行の発覚をおそれて放火の媒介物を取り除き消火した事案に関し，犯行の発覚をおそれることは経験上一般に犯罪の遂行を妨げる事情となりうることを理由に，中止犯を否定しているものもある（大判昭12・9・21刑集16巻1303頁）。

　(d) 折衷説　　主観説と客観説を折衷する考え方で，外部的事情を認識したうえで「やろうと思えばやれる」と感じたという行為者の意識を前提に，客観的に判断し，一般人でも「やれる」と感じたと認められる状況で中止した場合に，任意性を肯定する。つまり，行為者および一般人がともに「やろうと思えばやれる」と考える状況を認識している行為者が中止を決意した場合に，任意性を肯定することになる。

折衷説は，行為者が認識している状況を前提に，行為者自身が「やろうと思えばやれる」と考えていても，一般人が「やろうと思っても無理」と考える場合には，任意性を否定するという点において，主観説と結論を異にし，客観説と同じ結論に至る。逆に，行為者が認識している状況を前提に，一般人が「やろうと思えばやれる」と考えるとしても，行為者自身が「やろうと思っても無理」と考えていた場合は，やはり任意性を否定する点で，主観説と同じ結論に至り，客観説と結論を異にする。いずれにせよ，「やろうと思えばやれる」か否かにつき，行為者と一般人とで異なる判断が導かれる場合に，主観説，客観説，折衷説とで結論の相違が生じるのである。

ワーク 17　演習問題

【問】　以下の記述のうち，行為者に中止犯が成立するものを一つ選びなさい。

【法学検定試験3級程度】

(1)　他人の住んでいる家屋に放火した後，事の重大さに気づき，119番通報するとともに，近所に「火事だ，火を消せ」と助けを求め，集まった人と協力して積極的に消火活動にあたったため，当該家屋は全焼したが，隣家に延焼することなく鎮火した。

(2)　窃盗の目的で他人の家の中を物色したが，盗みの対象となりうる物を発見することができず，「こんな貧乏くさい家で盗むのは止めた」と犯意をひるがえし，何も盗まなかった。

(3)　強姦目的で少女に暴行を加え姦淫に至ろうとしたところ，少女が恐怖のあまりふるえているのを見てかわいそうになり，姦淫に至るのを止めた。

(4)　殺意をもってナイフで人に斬りつけ重傷を負わせた後，事の重大さに気づき，応急手当をするとともに119番通報をして現場を詳細に特定したうえ，救急車のサイレンの音が近づいてくるのを確認して逃走したが，被害者は一命をとりとめた。

(担当：内山良雄)

Lesson 18　共　犯　論

1　正犯と共犯

　刑法は，主として行為者が単独で犯罪を実現する場合について規定しているが，現実には複数の関与者が共働して一つの犯罪を実現することが多い。このような場合，どのような要件でどのような罪責を負わせるのかが問題となる。この問題を解決するのが共犯論である。

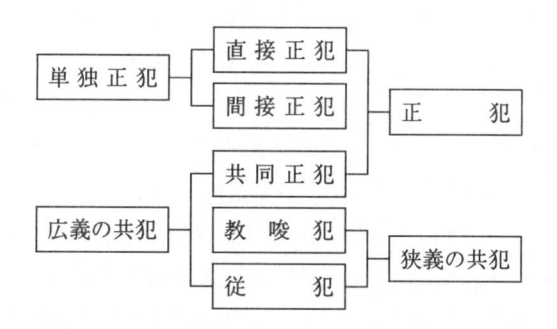

```
                  ┌ 直接正犯 ┐
         単独正犯 ┤          ├
                  └ 間接正犯 ┘      正　犯
                  ┌ 共同正犯 ┤
         広義の共犯┤ 教 唆 犯 ┐
                  │          ├ 狭義の共犯
                  └ 従　　犯 ┘
```

　刑法は60条以下において，**共同正犯**（60条），**教唆犯**（61条），**従犯**（62条）を規定する。広義においては，これら共同正犯，教唆犯，従犯が共犯となる。また，60条が共同正犯について「正犯とする」と規定しているため，これを除外した教唆犯と従犯を狭義の共犯として位置づけることができる。教唆犯は正犯の刑を科すとされ（62条），従犯は正犯の刑を減刑するものとされている（63条）。それゆえ，狭義の共犯は正犯より軽い犯罪形態として刑法は位置づけているとみることができる。しかし，刑法は共同正犯については規定するものの，正犯概念については明確な規定を置いていない。そのため，正犯の意義をどのように解するかについて，正犯と共犯の区別とも関連して問題となる。

(1)　正犯概念

> 客観主義─行為主義─限縮的正犯概念─処罰拡張事由としての共犯規定
> 主観主義─行為者主義─拡張的正犯概念─処罰縮小事由としての共犯規定

(a) 統一的正犯概念　　みずから直接構成要件を実現したか他人を通じて実現したかを問わず、結果の惹起に因果的に関与した者をすべて正犯とする見解である。正犯と共犯は形式的に区別されるわけではなく、関与の程度、犯罪意思などを基礎として処罰の程度に差がでるにすぎない。

(b) 主観主義の共犯論──**拡張的正犯概念**　　構成要件的結果の実現に対して条件を与えた者をすべて正犯とする見解である。したがって、教唆・幇助の行為も本来的に正犯とされるべき行為であり、この意味で狭義の共犯も正犯といえることになる。ただし、62条・63条により正犯と区別して処罰されているため、共犯は刑罰縮小事由であることになる。わが国では、主観主義の刑法理論の論者により、この見解が主張されてきた。

(c) 客観主義の共犯論　　(i) 形式的正犯概念　　現行法は正犯と狭義の共犯を区別しており、その意味で統一的正犯概念はとりえない。そこで、通説は、60条・61条および43条における「実行」概念を基礎として正犯概念を形成する。すなわち、実行行為を行った者を正犯であるとする。そこで、この実行行為を形式的に理解し、構成要件に該当する行為を行った者を正犯であるとするのが形式的正犯概念の立場であり、そのような正犯概念を**限縮的正犯概念**という。この見解によると、共犯は、本来の構成要件（基本的構成要件）の範囲を超えて処罰を拡張する刑罰拡張事由である。

(ii) 実質的正犯概念　　実行行為概念を実質的に理解し、構成要件を実現する行為を実行行為であるとすると、構成要件を直接実現した者が正犯であるとなる。ただし、構成要件実現の現実的危険性のある行為が実行行為であるとしても、狭義の共犯行為にも構成要件実現の危険性は存するといえ、両者の厳密な区別は困難となる。そこで、実質的正犯概念をさらに発展させる立場が出てくる。

(iii) 行為支配説　　関与者が引き受けた行為の重要性に着目し、行為を支配した者を正犯であるとする見解である。すべての構成要件要素をみずから実現

した者だけでなく，これと価値的に同じ行為を行った者も，その行為，犯罪実現を支配したものとして正犯とされることになる。

(iv) 共同意思主体説　　共同意思主体説は，もともとは共謀共同正犯を肯定する判例理論を基礎づけるために主張された見解である。共犯現象をたんなる個人の集合体とみるのではなく，一つの犯罪の実現に向けて一体化した共同意思主体という行為主体による行為であるとみる点に特色がある。二人以上の者が特定の犯罪遂行という共同目的のもとに一心同体となり，共同意思主体が形成され，その構成員の行為はこの共同体の行為であるとする。したがって，共同意思主体が形成され，その構成員が実行行為を行った以上，実行行為を行わなかった他の共謀者も正犯ということになる。この立場では，単独正犯と広義の共犯が区別され，広義の共犯はすべて共同正犯も含め共同意思主体により説明されることになる。他の見解が共同正犯を含めた正犯と狭義の共犯との限界を求めようとしているのと対照的である。

(2) **正犯と共犯の区別**

正犯と共犯をいかに区別するかは，正犯概念を別の側面から規定することになる。

(a) 主観説　　拡張的正犯概念によれば，正犯と共犯は因果的に同価値であり，客観的に区別できないから，行為者の主観により両者を区別することになる。結果発生について正犯としての意思を有していた者が正犯で，共犯としての意思を有していた者が共犯であるとする。

行為者の意思の強度・内容により正犯と共犯を区別することは，その限界をあいまいにし，法的安定性を損なうことになるとの批判がある。

(b) 客観説　　(i) 形式的客観説　　限縮的正犯概念によれば，正犯と共犯の区別は構成要件に該当する行為としての実行行為をしたか否かに求めることになる。実行行為を行った者が正犯で，正犯の実行行為に加担した者が共犯である。

この見解はその区別の明確性に利点があるものの，厳密にとらえると，他人を利用した間接正犯を基礎づけることが困難になるなど，具体的妥当性に問題があるとの批判が可能である。また，構成要件に該当する行為それ自体も一義的に明確であるとはいえず，なんらかの規範的評価は避けて通ることはできな

いといえる。

(ⅱ) 実質的客観説　正犯と共犯の区別を共同関係において主たる地位をしめていたかどうか，重要な役割を果たしたかどうかという実質的な基準により区別する見解である。実質的正犯概念から主張される。ただ，重要な役割といった基準ではあいまいではないか，重要な役割と正犯概念との関連性が希薄であるとの批判がある。

2　間接正犯

　正犯概念に関する議論は，近年では，間接正犯の正犯性の問題へと波及する。かつて，間接正犯は，限縮的正犯概念と極端従属性説をとる場合に生じる処罰の間隙をうめるための救済概念として主張された。たとえば，未成年の子どもに窃盗をそそのかして，これを行わせる場合，限縮的正犯概念では実行行為性がなく正犯とすることはできない。他方，責任無能力者に教唆しても極端従属性説では教唆犯の成立も認めることはできないからである。

　現在では，間接正犯はたんなる救済概念ではない。たとえば，制限従属性説をとれば上記例では教唆犯の成立を認めることが可能である。それでも，4～5歳の子どもをそそのかした場合にまで間接正犯を認めることは妥当ではないであろう。判例は，12歳の養女を利用して窃盗を行わせた事案で，「自己の日頃の言動に畏怖し意思を抑圧されている同女を利用して」窃盗を行ったとみることができるとして，是非の判断能力を有していても窃盗の間接正犯が成立するとしている（最決昭58・9・21刑集37巻7号1070頁）。ここでは，責任能力の有無とは関係なく，意思の抑圧による支配関係が背後者の正犯性を基礎づけている。

(1)　間接正犯の正犯性

　間接正犯の正犯性に関しては，かつては人を道具のように利用した点にあるとする道具理論が有力に主張されていた。これは，形式的客観説により正犯性を説明することにも関係している。しかしながら，実行行為概念の規範化にともない，間接正犯の正犯性も，現在では，実質的な観点から主張されるようになっている。利用者が客観的に実行行為をなす被利用者に対して優越しているとする説，被利用者の行為を目的的に支配したとする行為支配説，利用者の犯罪実現にとって被利用者が規範的障害となっていないことに求める見解などが

主張されている。上記窃盗の判例も，利用者が被利用者を実質的に支配していたことに正犯性の根拠を認めている。
  (2) 間接正犯の事例
  (a) 責任能力のない者を利用した間接正犯　　かつてはこの類型が間接正犯論の中心にあり，共犯の従属性との関連で議論されてきた。しかしながら，正犯性の議論からすると，被利用者の精神能力および被利用者と利用者との関係などから実質的にその正犯性を検討することになる。例えば，制限従属性説からでも，少年をそそのかして窃盗をさせた場合，少年が３歳の子どもであれば，背後者に窃盗の間接正犯を認めることも可能であろう。
  (b) 故意のない者を利用した間接正犯　　まったく事情を知らない者を利用した場合，間接正犯を認めることができるであろう。たとえば，被害者が飲むジュースのグラスにひそかに毒を入れ，被害者みずからがそのグラスを飲む場合は，被害者を利用した間接正犯といえる。
  これに対して，被利用者に過失がある場合は議論がある。例えば，医師が患者を殺害すべく，看護婦に治療薬と偽って毒薬を手渡し，看護婦が不注意によりよく調べず漫然とその毒薬を患者に投与した場合がこれにあたる。この場合に，医師は殺人罪の間接正犯となるのか，それとも看護婦の業務上過失致死罪の教唆犯となるかが問題となる。間接正犯の正犯性を問題とするなら，医師が利用者である看護婦を通じてどの程度結果を支配することができたかが重要となる。看護婦の過失が利用者の結果実現にとって規範的障害となっているかということも判断の要素となる。通説は，この場合，看護婦の過失は規範的障害とはいえないとし，医師に殺人罪の間接正犯を認める。
  (c) 適法行為を利用した間接正犯　　警官に虚偽の事実を申立て，警官の適法な逮捕行為を利用して逮捕させる場合がこれにあたる。利用者の行為が正犯性を有するかという点からすると，利用者の行為によって被利用者がその行為を行わざるをえない状況を作出したことが重要であり，そのような場合，間接正犯を認めることができる。
  (d) 故意ある道具の利用　　たとえば，公務員がその妻に賄賂を要求・収受させる場合（身分なき故意ある道具），偽造通貨を行使する目的を秘して通貨の偽造を依頼し，作成させる場合（目的なき故意ある道具）である。これらの

場合，行為者は身分あるいは目的がないため構成要件的行為の主体とはなりえない。そこで，通説は，利用者に間接正犯を認め，実際の行為者のほうは従犯として処理する。これに対して，利用者を間接正犯，被利用者を従犯とする見解も主張されている。しかし，これでは正犯なき共犯の成立を認めることに問題があるとされる。最近では，これらの場合は，共同正犯として処理するとの見解も有力になっている。とくに65条1項の「共犯」に共同正犯を含むとの立場を前提に主張されるものである。

3 共犯の処罰根拠

共犯はなぜ処罰されるのかという問題が**共犯の処罰根拠論**である。従来の形式論理的な客観主義の共犯論が処罰の根拠を示しえていないことに対する批判として提起された。

(1) 処罰根拠否定説＝可罰性借用説

共犯には独自の処罰根拠はないとする見解がある。とりわけ，意思の自由を全面的に肯定する立場からすると，自由意思を有する正犯者の行為が介在するために，共犯の行為と犯罪結果との間に因果関係を認めることはできず，独自の処罰根拠は認められなくなる。そこで，共犯は正犯の可罰性を借用して処罰されると説明されることになる。しかし，他人の行為の責任を連帯して負うとの考え方は個人責任の原則に反するとの批判がある。

(2) 責任共犯論

そこで，意思の自由を認めつつも共犯独自の処罰根拠を求める立場は，共犯者が正犯者を堕落させ，罪責におとしいれたことが処罰の根拠であると主張する。「正犯者が殺人をおこない，教唆者が殺人犯をつくる」のである。共犯者は正犯者に対して侵害を行うがゆえに処罰される。それゆえ，犯罪行為を犯罪行為を行わせたという共犯者の心情無価値を処罰の根拠にしているといえ，その倫理的な犯罪観に対して批判が加えられる。

(3) 因果的共犯論

因果的共犯論は，正犯者を通じて構成要件を実現した点に共犯の処罰根拠を求める。直接構成要件を実現する者が正犯であり，間接的に構成要件を実現する者が共犯である。現代の刑法が個人責任の原則に依拠していること，および，

違法性は客観的に理解すべきであることからすれば，因果的共犯論が妥当である。ただし，因果的共犯論の内部においてさらに見解はわかれる。

　(a) 純粋惹起説　　共犯者が正犯者を通じて自己にとって違法な結果を惹起した点に共犯の処罰根拠を求める。なお，かつての主観主義刑法理論による共犯論は，共犯行為に犯罪意思の徴表を認め，その独立の処罰を認めるものの，既遂犯としての処罰は因果性を有する結果の惹起に依拠させていたのであり，その点で，純粋惹起説に分類することができる。このように，共犯の違法性と正犯の違法性を完全に独自に考える点にその特色がある。また，徹底した結果無価値論の立場においても，法益侵害との因果性のみを考慮しようとするならば，この見解になる。

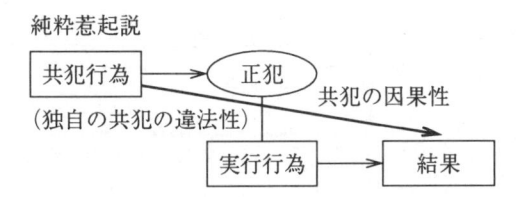

```
純粋惹起説
┌──────┐    ┌──┐
│共犯行為│──→│正犯│  共犯の因果性
└──────┘    └──┘
（独自の共犯の違法性）  ＼
             ┌──────┐   ┌──┐
             │実行行為│──→│結果│
             └──────┘   └──┘
```

　(b) 修正惹起説　　共犯者が正犯者にとって違法な結果を惹起した点に共犯の処罰根拠を求める見解である。正犯の犯罪結果との因果性が重要となる。そのため，原則として，正犯の違法性と連帯することになる。修正惹起説は，結果との因果性をその処罰の根拠としつつも，なお共犯の成立に構成要件的な制約を認める点にその特色がある。なお，修正惹起説でも，違法性の実質を行為無価値的にとらえるか，結果無価値的にとらえるかによりさらにバリエーションは増える。そこで，共犯行為に独自の行為無価値的違法性を認めつつ惹起説をとる見解を混合惹起説ということもある。

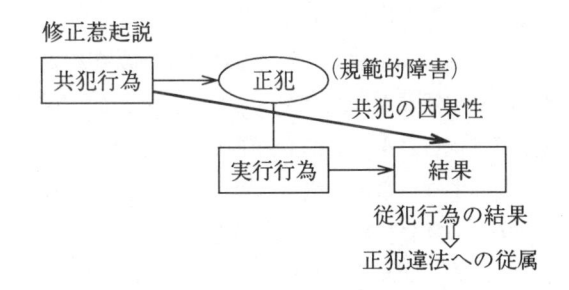

```
修正惹起説
┌──────┐    ┌──┐  （規範的障害）
│共犯行為│──→│正犯│
└──────┘    └──┘  共犯の因果性
             │         ＼
             ┌──────┐   ┌──┐
             │実行行為│──→│結果│
             └──────┘   └──┘
                       従犯行為の結果
                          ⇓
                       正犯違法への従属
```

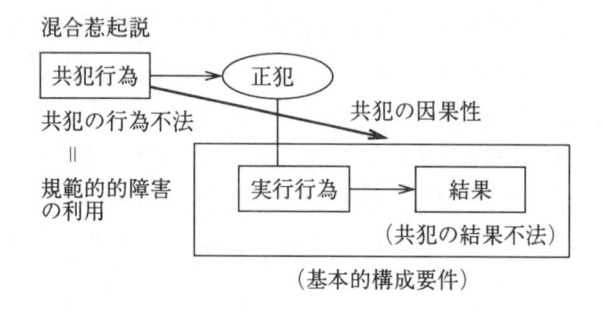

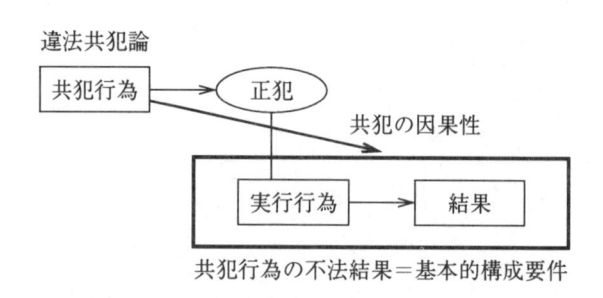

```
混合惹起説

[共犯行為] → (正犯)
                    共犯の因果性
共犯の行為不法
    ‖
規範的的障害    [実行行為] → [結果]
の利用
                    （共犯の結果不法）
                （基本的構成要件）


違法共犯論

[共犯行為] → (正犯)
                    共犯の因果性

            [実行行為] → [結果]

    共犯行為の不法結果＝基本的構成要件
```

　因果的共犯論をとりつつも，共犯の違法な結果を正犯の違法な構成要件実現であるとする見解もある。共犯固有の結果を認める点で，これを因果的共犯論と区別し，違法共犯論とよぶこともある。

(4) 共犯の因果性

　共犯の処罰根拠は，共犯論の種々の場面で問題となる。ただし，その処罰の必要条件を提起するにとどまり，処罰根拠を満たすことがただちに共犯の可罰性を導くものではないことに注意すべきである。共犯の因果性は，共犯の処罰根拠論と関連する共犯の必要条件としての成立要件に関する問題である。このことはとりわけ**幇助の因果関係**について議論される。

　因果的共犯論によれば，共犯が成立するためには，共犯行為と正犯による結果の惹起との間に因果関係がなければならない。両者の間に因果関係がないときは，たとえ正犯が実行行為を行っても，共犯は成立しない。もっとも共犯の因果関係の内容については，争いがある。可罰性借用説がいうように，共犯行為と正犯の結果惹起との間に正犯が介在するため，条件関係の存在が疑わしくなるからである。この点，共犯の条件関係も「その行為がなかったならばその

結果が発生しなかったであろう」として，正犯と同様に理解する見解もある。しかしながら，共犯現象の中心が教唆ないし心理的幇助にあることからすると，規範的障害である正犯を介在する共犯の因果関係について，正犯と同様の自然的・物理的な条件関係を認めることは困難である。

そこで，有力説は，正犯の実行を心理的・物理的に促進または容易にすることでたりると解する。この見解によると，正犯による法益侵害を可能にし，強化した場合だけでなく，結果実現にいたる手段・過程を心理的・物理的に強化した場合にも，因果関係を肯定すべきことになる。共犯の実態が正犯に対する働きかけの側面とその結果実現に対する側面とがあり，この両者を適切にとらえているものといえる。判例もこの見解に依拠しているようである。被告人がピストルの発射音が外に漏れないように地下室に目張りをしたが，そのあと計画が変更された場合には，この目張り行為は正犯者を精神的に勇気づけ犯行の維持に役立ったとはいえないとして，従犯の成立を否定したものがある（東京高判平2・2・21判タ733号232頁）。

4 共犯の従属性
(1) 共犯独立性説と共犯従属性説

共犯が成立するために，正犯の行為がどのような要件を具備しなければならないかということが問題となる。従来，この点は，共犯の従属性として，共犯従属性説と共犯独立性説の間で議論されてきた。

共犯独立性説によると，共犯の犯罪性は正犯の犯罪性とは個別独立して決定されるとして，共犯の成否は正犯の犯罪の成否とは関係なく成立するとする。この見解は，主観主義の刑法理論，拡張的正犯概念を基礎に主張され，共犯者もそこに犯罪意思がある以上，独立して処罰の根拠を満たすのであり，犯罪意思の徴表としての教唆ないし幇助行為があれば，正犯が犯罪行為にでなくとも，これを未遂として処罰できるとする。これに対して，共犯従属性説では，共犯は正犯に従属して成立するとして，正犯者が実行行為にでない場合には，共犯は成立しないとされる。客観主義，限縮的正犯概念を基礎にして，共犯は正犯の実行行為に加功した点にその処罰の根拠があるとし，教唆犯ないし従犯が処罰されるためには，少なくとも正犯が実行行為にでないといけないとする。

このように，従来の共犯従属性説と共犯独立性説の議論は，教唆の未遂の可罰性をめぐる問題として議論されてきた。しかしながら，同時に，共犯の犯罪性が正犯に従属すべきかという問題をも同時に扱ってきたことを看過してはならない。すなわち，共犯独立性説によると，共犯の犯罪性は正犯と独立すべきであるとするのに対して，共犯従属性説では共犯の犯罪性は正犯に従属・連帯すべきものとするのである。けれども，共犯の成立要件をいかに規定するのかという点と共犯の違法・責任内容が正犯のそれに一致すべきかという点は，問題の次元を異にするのであり，区別して論じることが必要である。

(2) 従属性の要否——実行従属性——

従来の教唆の未遂の可罰性をめぐる議論は，共犯が成立するためには正犯が実行行為にでることが必要であるかという問題である。その意味で，共犯の成立要件としての従属性が問題となる。近年ではこれを実行従属性としてあつかうことも多い。また，従来の共犯独立性説と共犯従属性説の議論をこの問題領域に限定してもちいる傾向にある。

実行従属性を否定することは，共犯と正犯の区別をあいまいなものにするだけでなく，法益侵害ないしその危険からかなりかけはなれた段階で，処罰を肯定することになり，妥当性を欠く。このことから，共犯の場合にも，法益侵害ないしその危険の発生をまって処罰を決する点で，実行従属性を肯定する見解が通説である。しかしながら，実行従属性を法益侵害の危険にのみ根拠づけるだけでは不十分である。実行従属性を肯定すべき根拠は，共犯が正犯を通じて法益侵害を惹起する点にある。すなわち，規範的障礙である正犯者は共犯行為があったとしても，必然的に実行行為にでるわけではなく，自らの意思で犯罪行為を決意するため，共犯行為と正犯の犯罪結果の因果性が直接的でないことによる。このような共犯の因果性の独自性を考慮しないで，実行従属性を肯定しても，正犯の犯罪性の従属という点では，完全な共犯独立性説となる。

(3) 従属性の程度——要素従属性——

従来，共犯従属性説をとる場合，その理論を徹底するならば，共犯が成立するためには正犯に犯罪が成立することが必要であり，かつ共犯の犯罪性は完全に正犯の犯罪性に従属すべきであると主張される。すなわち，共犯の成立要件として，正犯の行為は構成要件該当性，違法性，有責性の各要件を具備すべき

であり（極端従属性），共犯の違法性・責任は正犯と一致するだけでなく，処罰阻却事由・処罰条件までも正犯と同様に解すべきこととなる（誇張従属性）。このような共犯の成否・犯罪性と正犯の行為の具備する要件との関係を要素従属性ということもある。しかし，ここでも，共犯の成立要件の問題と共犯が成立する場合に，どの程度共犯の犯罪性が正犯の犯罪性に従属すべきかという問題は分けて考える必要がある。この点，極端従属性，誇張従属性の考え以外に，正犯の行為が構成要件に該当するだけでよいとする最小限従属性，構成要件該当性および違法性を具備することが必要であるとする制限従属性の考えがある。

　通説は客観的な評価としての違法性は正犯と共犯に共通して認められるが，責任は行為主体ごとにその内心状態が異なるため，個別に評価すべきことを理由に，制限従属性説を支持する。このような理解は，共犯の成立要件としての従属性と共犯の正犯の犯罪性への従属性を同列に処理しようとするものであり，不十分である。

　共犯の処罰根拠を規範的障礙としての正犯を介した犯罪結果に対する因果性と考えるならば，共犯の従属性も正犯の犯罪結果に対する因果性の観点より基礎づけるべきである。まず，共犯の成立要件としての従属性は，規範的障礙の内容により異なりうる。規範的障礙を犯罪決意に対する具体的な反対動機形成可能性とみるならば，正犯がたんに構成要件に該当しない違法な行為を実現しているだけでは不十分であり，さらに反対動機形成可能性が必要となる（もっとも間接正犯でみたように，これは犯罪成立要件としての責任とはかならずしも一致しない。たとえば，刑事未成年であっても，これを肯定することが可能な場合はある）。これに対して，共犯は正犯の犯罪結果にたいしてのみ因果性を有するのであり，かつそれは正犯の実行行為を通じて実現されるものであるから，共犯の違法性は正犯の違法性にこのような意味で従属するのである。そして，個人責任の原則・行為者の主観的事態の個別的な評価が規範的責任論の機能であることから，共犯の責任に従属すべきでないこととなる。

　因果的共犯論をとる場合でも，共犯の因果性を正犯の因果性と異ならないものと理解する立場または規範的障礙の概念を形成化して正常な判断能力のある者を介する場合はすべて共犯であるとする立場からは，法益侵害の結果に対する因果性があれば，共犯が成立するのであり，最小限従属性すら必要でないこ

ととなる。この場合には，共犯の違法も，正犯の違法から完全に独立することになり，その実質は共犯独立性説と異なるところはない。

(4) 罪名従属性

　共犯が成立する場合，共犯の罪名と正犯の罪名とが一致すべきであるかという問題が，罪名従属性の問題である。かつての共犯従属性説からは，共犯は正犯の実行行為に加担するものであり，共犯は正犯に従属して成立するとの命題から，共犯の罪名はかならず正犯の罪名に一致すべきであると主張された（完全犯罪共同説）。しかしながら，制限従属性説が多数となり，個人責任の原則がもちだされるようになり，すべての場合に，罪名の従属を徹底することはなくなり，構成要件の重なり合う範囲での罪名の従属性を肯定する見解（部分的犯罪共同説）が現在では有力である。共犯が正犯の実行行為を通じて犯罪結果惹起したと考える立場からすると，共犯は正犯とその違法部分にのみ従属するのであり，罪名も違法構成要件の限度でのみ従属すべきと考えることになる。これにたいして，共犯の完全な独自の違法性を肯定する立場からは，共犯の罪名は正犯の罪名から完全に独立して規定されるべきであると主張される（行為共同説）。なお，行為共同説と犯罪共同説の対立は共同正犯の本質に関わる議論として展開されてきたものであり，罪名従属性の問題にこれを矮小化してよいかは問題がある。

ワーク 18　演習問題

【問】　甲は，盗品であることを知りながら，自己の運送会社のトラック運転手乙に命じて，これを運搬させたという事案における甲の罪責に関する記述のうち誤っているものはどれか。　　　【法学検定試験3級程度】

(1)　限縮的正犯概念によれば，盗品運搬罪（256条2項）の構成要件に該当する行為を直接行っているのは乙であり，乙を正犯，甲を教唆犯として犯罪の成否を考えざるをえない。

(2)　拡張的正犯概念によれば，甲は構成要件の実現に関与しているので正犯である。

(3)　行為支配説によれば，運搬行為を実質的に支配しているのは甲であり，

乙はこれを幇助したにすぎないので，甲が正犯であり，乙は従犯となる。
(4) 共同意思主体説によると，乙は甲の命令により実行行為を行っているので，甲も乙も正犯となる。

（担当：石井徹哉）

Lesson 19　共同正犯

> 第60条（共同正犯）　二人以上共同して犯罪を実行した者は，すべて正犯とする。

1　共同正犯とは

　共同正犯とは，「二人以上共同して犯罪を実行」することをいう。共同正犯が成立した場合，各共同者は「正犯」として処罰される。ここにいう「共同して犯罪を実行」するとは，①二人以上の者が共同して犯罪を実行する意思（共同実行の意思）のもとに，②共同して実行行為を行うことを意味する。また，「すべて正犯とする」とは，犯罪を共同して実行した場合，共同者全員が「正犯」としての罪責を負うことを意味する。つまり，犯罪を実行するための行為の一部を行えば，もはや発生した結果の全部について責任を負わなければならないのである。これを，「**一部実行の全部責任の原則**」という。

　たとえば，AとBが意思を通じて他人の家に押し入り，Aが家人を脅している間に，Bが金品を物色し目的を達成した場合は，Aに脅迫罪，Bに窃盗罪が成立するのではなく，強盗罪における脅迫と強取を役割分担しているだけであるから，共に強盗罪の正犯として扱われるのである。ただし，具体的な処断については，関与の程度や責任に応じて個別的になされることはいうまでもない。

　二人以上の者が意思の連絡なしに競合する犯罪を実行する場合を「**同時犯**」という。同時犯は，単独正犯が並存しているにすぎないので，各自が行った行為についてのみ責任を負うことになる（個人責任の原則）。よって，「一部実行の全部責任の原則」は適用されないが，例外として，刑法には「同時傷害の特例」（207条）が認められている。

2　共同正犯の成立要件
(1)　主観的要件（共同実行の意思）

共同実行の意思（共同加功の意思）とは，各行為者が犯罪実現につき，相互に他人の行為を利用・補充し合って目的を遂げようとする意思を意味する（大判大11・2・25刑集1巻79頁）。共同実行の意思は，必ずしも明示的になされることを要せず，各行為者に暗黙の認識があればよい（最判昭23・11・30裁判集刑5巻525頁）。また，共同実行の意思は数人間において直接的に発生した場合である必要はなく，共同者中のある者を介して他の者に連絡されることにより，間接的に生じた場合であってもよい（大判昭7・10・11刑集11巻1452頁）。なお，共同実行の意思は行為時に存すれば足り，事前に周到になされなければならないものではない（最判昭23・12・14刑集2巻13号1751頁）。実行行為の機会に偶然に共同実行の意思が生じた場合でもよい（**偶然的共同正犯**）。

(2)　客観的要件（共同実行の事実）

共同実行の事実（共同加功の事実）とは，二人以上の者が各自の実行行為を共同して犯罪を実現することを意味する。実行行為以外の行為が共同してなされても，共同正犯は成立しない。各行為者の行う実行行為には，それぞれについて，または全体として犯罪を実現する現実的危険性が含まれていなければならない。

ここにいう「共同して」とは，犯罪共同説と行為共同説で理解が異なる。犯罪共同説によれば，共同正犯とは，各行為者がある犯罪を共同して実行するととらえるが，行為共同説は，それを各行為者が行為過程を共同してそれぞれの犯罪を実行すると考える。よって，前者によれば「数人一罪」ということになるが，後者によれば「数人数罪」もありうることになる。

3　共同正犯の諸形態
(1)　過失犯の共同正犯

過失犯の共同正犯とは，二人以上の者が共同して過失行為を実行することをいう。これを肯定すべきかについては，議論がある。犯罪共同説の立場によると，各行為者が特定の犯罪実現に関して共同意思を有することが必要であると解するため，過失犯の共同正犯を否定するのが一般的であった。これに対し，

行為共同説の立場は，行為を共同にする意思があれば足りるのであり，過失犯を共同して実現する場合においても，これらの要件は具備しうるため，過失犯の共同正犯は肯定すべきであると説く。大審院時代の判例は，過失犯の共同正犯は成立する余地はないとしていたが（大判明44・3・16刑録17輯380頁，大判大3・12・24刑録20輯2618頁），最高裁判所は，これを肯定し（最判昭28・1・23刑集7巻1号30頁），その後の下級審判例においても肯定説に立つものが現れている（名古屋高判昭61・9・30高刑集39巻4号371頁，東京地判平4・1・23判時1419号133頁）。戦後，学説においても変化が見られ，犯罪共同説の立場からも，法律上，共同行為者に対する共同の注意義務が課せられている場合に，共同行為者が当該注意義務に共同して違反したとみられる客観的事態が存在するときには，過失犯の共同正犯の成立を肯定しうるとの見解が有力に主張されはじめた。

(2) **結果的加重犯の共同正犯**

結果的加重犯の共同正犯とは，二人以上の者が結果的加重犯の基本行為を共同実行の意思のもとに共同し，その一部の行為によって重い結果が発生した場合，共同者全員が重い結果について共同正犯とされることをいう。この点に関し学説は，①行為共同説の立場からその成立を肯定する見解，②同様の立場から否定する見解，③犯罪共同説の立場からその成立を肯定する見解，④同様の立場から否定する見解が対立している。判例は，基本犯と重い結果の間に条件関係が存在すれば足りるとし，結果的加重犯の共同正犯を肯定している（大判昭3・4・6刑集7巻291頁，最判昭22・11・5刑集1巻1頁）。

(3) **承継的共同正犯**

承継的共同正犯とは，ある者（先行者）が犯罪の実行行為の一部を行ったが，いまだその実行行為が全部終了しない間に，他の者（後行者）がその間の事情を認識した上でこれに関与し，先行者と意思を通じて残りの実行行為を単独あるいは先行行為者と共に犯罪を完成させることをいう。学説は，①介入前の事象については，物理的にも心理的にも因果性を及ぼすことはできないはずであるから，後行者は介入前の行為については責任を負わないとする否定説，②共同実行の意思のもとに一罪の一部に関与した以上は，先行者の行為と後行者の行為を全体として考察し，共同正犯の責任を負わせるべきであるとする肯定説，③原則的には，先行者のみが関与した事象について後行者は責任を負わないが，

例外的に相互利用・補充関係が肯定できる場合には，後行者も関与前の行為および結果につき責任を問いうるとする限定肯定説とが対立している。現在，判例は③限定的肯定説を採用している（大阪高判昭62・7・10高刑集40巻3号720頁）。

(4) 予備罪の共同正犯

予備罪の共同正犯とは，意思の連絡のもとに予備行為を共同して行うことをいう。学説は，①共同正犯にいう共同実行の事実は予備行為を共同して行う場合も含むとする肯定説，②基本的構成要件の内容としての行為を共同して行うことが実行行為の共同であるため，予備罪の共同正犯を認めるべきではないとする否定説，③予備罪を独立予備罪と非独立予備罪に区分し，前者についてのみ共同正犯の成立を認める二分説が対立している。判例は，一般的に予備罪につき共同正犯の成立を認めている（最決昭37・11・8刑集16巻11号1522頁）。

(5) 片面的共同正犯

片面的共同正犯とは，共同者間において客観的な実行行為の事実は存在するが，共同実行の意思が一方だけにしか存在しない場合をいう。行為共同説の立場は，共同実行の意思は一方に存在すれば足りるとしてこれを肯定するが，犯罪共同説の立場は，各自に共同実行の意思がない以上は共同正犯が成立する余地はないとの理由からこれを否定し，同時犯ないし片面的幇助犯となるにすぎないとする。

(6) 不作為犯の共同正犯

不作為犯の共同正犯には，たとえば，他人の住居から退去を要求された場合に，AとBが意思を通じて共同して居続けるような真正不作為犯の共同正犯と，父母が意思を通じて乳児に授乳せず餓死させるような不真正不作為犯の共同正犯がある。これらの場合も，共同実行の意思および共同実行の事実が認められるため，不作為の共同正犯の成立を肯定しうる。なお，作為義務を有する者と有しない者との間の共同正犯の成立については，作為義務を有しない者に対しても，作為義務を有する者と共同して作為義務違反の不作為犯を実現することが可能であると解するべきである。

(7) 共謀共同正犯

共謀共同正犯とは，二人以上の者が一定の犯罪を実行することを共謀したうえで，その中の一部の者が実行に出た場合には，実行行為に関与しなかった者

も含め，共謀に加わった者全員に共同正犯が成立することをいう。単に共謀したにとどまり，現実に実行行為を分担していない者に対しても共同正犯の責任を負わせてもよいかが問題になる。つまり，共同正犯の要件である「共同実行の事実」が欠けているためである。

判例は，旧刑法時代から共謀共同正犯の理論を採用してきている。大審院判例では当初，「知能的犯罪」に限定して共謀共同正犯を認めるべきであるとしたが（大判大11・4・18刑集1巻233頁），やがて放火罪（大判昭6・11・9刑集10巻568頁），殺人罪（大判昭8・11・13刑集12巻1997頁），窃盗罪・強盗罪（大判昭11・5・28刑集15巻715頁）などの実力犯にも適用されるようになった。このような判例の流れに理論的根拠を与えたのが，草野豹一郎博士により提唱された**共同意思主体説**であった。最高裁においても，従来の共同意思主体説的な立場を修正し，間接正犯類似の共謀共同正犯概念を提示したものの，これを肯定している（最大判昭33・5・28刑集12巻8号1718頁）。学説においては，いまだ実行共同正犯における形式的明確性を確保する観点から，これを否定する学説も根強い。しかし，内部で細かに分かれるものの，背後の黒幕など犯行に重要な役割を果たした者を正犯として重く処罰する必要があるなどの観点から，近年，共謀共同正犯を肯定する学説が多数を占めている。

ワーク 19　演習問題

【問】　判例における共謀共同正犯理論によれば，次の記述のうち正しいものはどれか。　　　　　　　　　　　　　　　【法学検定試験4級程度】
(1)　共謀共同正犯が成立するためには，全員が同時に集まり謀議されなければならず，順次共謀した場合には成立しない。
(2)　身分により構成する犯罪については，身分なき共謀者も共同正犯となり得る。
(3)　謀議に参加したのみで，実際に実行行為に加わらなかった者は，謀議に際し，発議者でなければ共同正犯とはならない。
(4)　窃盗の見張りをした者は，共謀に参加したとしても常に従犯である。

(担当：大野正博)

Lesson 20　教唆犯，従犯（幇助犯）

> 第61条（教唆）　①　人を教唆して犯罪を実行させた者には，正犯の刑を科する。
> ②　教唆者を教唆した者についても，前項と同様とする。
> 第62条（幇助）　①　正犯を幇助した者は，従犯とする。
> ②　従犯を教唆した者には，従犯の刑を科する。

1　教唆犯とは

　教唆犯とは，「人を教唆して犯罪を実行させた者」をいう。教唆犯が成立すると，「正犯の刑」が科せられる。これは，教唆者の処罰が，正犯者の処罰に従属するという意味ではなく，正犯の行為に適用される基本的構成要件に対応する法定刑の範囲内で処罰されるということである。教唆犯は，共同正犯の場合と異なって（→Lesson 19　共同正犯　参照），幇助犯とともに「狭義の共犯」に属する。

2　教唆犯の成立要件

　教唆犯が成立するためには，(1)教唆の故意をもって他人を教唆し，(2)それに基づき，被教唆者が犯罪を実行することが要件とされる。

(1)　教唆者が故意をもって他人を教唆すること

　教唆とは，他人を唆して犯罪を実行する決意を生じさせることをいう。教唆犯については，主観面（教唆犯の故意）と客観面（教唆行為）の両面の検討が必要である。

　(a)　教唆犯の故意　教唆犯の故意は，被教唆者が基本的構成要件を実現す

ることまで認識・認容する必要はなく，自己の教唆行為によって被教唆者が特定の犯罪を犯すことを決意し，その実行に出ることを認識・認容することで足りる。よって，教唆行為と被教唆者による構成要件的結果との間の因果関係の認識までは不要ということになる。なお，教唆の故意は未必的なもので足りる。

(b) 教唆行為　教唆行為は，被教唆者に一定の犯罪を実行する決意を生じさせるのに適したものでなければならない。ただし，その手段・方法については，特に制限はない。明示的・黙示的を問わず（大判昭9・9・29刑集13巻1245頁），その方法の多くは利益の供与であるが，忠告，命令，指揮，指示，誘導，哀願，委託などであってもよい。なお，教唆は，被教唆者に特定の犯罪を実行する決意を生じさせることが必要であるから，漫然と犯罪の実行を勧めるだけでは教唆とはならない（最判昭26・12・6刑集5巻13号2485頁）。ただし，個々の行為につき，具体的に日時，場所，方法まで指示する必要はない（大判大5・9・13刑録22輯1335頁）。

被教唆者は特定した者であることを要するが，必ずしも一人であることを要しない。被教唆者がまったく是非弁別能力を有していない場合には間接正犯となるが，たとえ責任無能力者であっても，規範意識を具備する者である限り，被教唆者となりうる。

なお，被教唆者がすでに犯罪の実行を決意している場合は，その意思を強化する意味で従犯が問題となるにすぎない（大判大6・5・25刑録23輯519頁）。

(2) **被教唆者が犯罪を実行したこと**

共犯従属性説によれば，教唆犯が成立するためには，教唆行為の結果，被教唆者が当該犯罪の実行を決意し，それを実行しなければならない。よって，教唆行為と被教唆者の実行行為との間には因果関係が存在しなければならない（**教唆犯の因果性**）。たとえば，教唆行為を行ったが，実際に被教唆者が実行に出ない，あるいは実行が行われていても，教唆行為との間に因果関係が存在しない場合には，教唆犯は認められないことになる（最判昭25・7・11刑集4巻7号1261頁）。

3　未遂の教唆と教唆の未遂

未遂の教唆とは，未遂犯に対する教唆のうち，被教唆者の行為をはじめから

未遂で終わらせる意思で教唆する場合をいう。たとえば，Aがもともと未遂に終わらせる意思で，防弾チョッキを着たCを殺害するようにBを唆したような場合である。このような場合は，Bが実行行為に出るかぎり，殺人未遂罪となる。また，Aについては，Bの行為が殺人未遂罪である以上，殺人未遂罪の教唆となる。これを利用し，犯罪者を現行犯逮捕するために，初めから未遂に終わらせることを予期して，犯罪を教唆する場合を「**アジャン・プロヴォカトゥール**」という。

　教唆の未遂とは，教唆行為は行われたが，被教唆者が実行の着手に至らない場合をいう。共犯従属性説によれば，この場合，不可罰となる。

4　教唆犯の諸類型
(1)　間接教唆・再間接教唆
「教唆者を教唆した」場合を間接教唆といい，教唆犯と同様に正犯に準じて処罰される (61条2項)。また，間接教唆者をさらに教唆する場合を再間接教唆という。61条2項は，間接教唆までしか規定していないため，再間接教唆およびそれ以上の順次的教唆を処罰しうるかが問題となる。判例は，これを肯定している (大判大11・3・1刑集1巻99頁)。

(2)　従犯の教唆
　従犯の教唆とは，正犯を幇助する意思のない者を唆して，幇助する意思を生じさせ，幇助行為を行わせることをいう。この場合，「従犯を教唆した者には，従犯の刑を科する」(62条2項)。

(3)　独立教唆犯
　独立教唆犯とは，教唆者の教唆行為に基づいて被教唆者が犯罪実行の決意を生じたことによって成立し，被教唆者が実行に出たことを要しないものをいう (たとえば，破防法38条以下，爆発物取締罰則4条など)。これは，共犯独立性にいう教唆犯に相当する。

5　従犯とは（幇助犯）
　従犯（幇助犯）とは，「正犯を幇助した者」をいう (62条)。すなわち，正犯者が当該犯罪を実行するにあたり，その実行行為を容易にする一切の行為を意

味する。従犯の刑は,「正犯の刑を減軽する」(63条)。

6 従犯の成立要件

　従犯が成立するためには,(1)幇助者が幇助の故意をもって幇助行為をすること,および(2)それに基づいて被幇助者が犯罪を実行することが要件とされる。

(1) 幇助者が幇助の故意をもって幇助行為をすること

　幇助犯についても,主観面（従犯の故意）と客観面（幇助行為）の両面の検討が必要である。

　(a) **従犯の故意**　従犯の故意とは,正犯者の実行行為を認識し,かつ,その実行を幇助者自身の行為によって容易にさせることを認識し,行動に出る意思である。正犯者の実行行為によって基本的構成要件が実現されることを要するとの見解も存在するが,必要ではないと解するべきである。従犯の故意は,未必的なものであってもよい。

　では,過失による従犯は認められるであろうか。一般に行為共同説の立場からはこれを肯定するが,犯罪共同説の立場からは否定される。従犯は,自身の行為によって正犯者の実行行為を容易にさせるものであるから,それを表象して行うことが必要である。よって,過失による従犯は認められるべきではない。

　また,幇助者と被幇助者との間に相互的な意思の連絡を要するかにつき見解が分かれるが,①正犯者に幇助を受けているとの認識がなくとも,幇助者は正犯の実行行為を容易にさせることは可能であり,②62条の法文もこれを要求していないことから,片面的幇助犯は肯定される（大判大14・1・22刑集3巻921頁,大判昭8・12・9刑集12巻2272頁,東京地判昭63・7・27判時1300号153頁）。ただし,無形的従犯の場合は,この限りでない（東京高判平2・2・21判夕733号232頁）。

　なお,承継的幇助犯については,承継的共同正犯と同様に扱うべきであろう（→Lesson 19　共同正犯　参照）。

　(b) **幇助行為**　幇助行為は,基本的構成要件に該当する行為以外の行為であって,正犯者の実行行為を容易にするものでなければならない（最判昭24・10・1刑集3巻10号1629頁）。しかし,その方法に制限はなく,有形的・物理的幇助（たとえば,凶器の貸与,犯行場所の提供など）だけでなく,無形的・精神的幇助（たとえば,助言,激励など）であってもよい。また,不作為による従

犯も認められている（大判昭3・3・9刑集7巻172頁，大阪高判平2・1・23高刑集43巻1号1頁）。

(2) 被幇助者が犯罪を実行すること

共犯従属性説によれば，幇助犯が成立するためにも，被幇助者が犯罪を実行しなければならない。教唆犯同様，幇助行為と被幇助者の実行行為の間に因果関係が存在することが必要である（**幇助の因果関係**）。

7 幇助犯の諸類型

(1) 間接幇助犯

間接幇助犯とは，幇助犯を幇助することをいう。間接教唆犯の場合と異なり，間接幇助犯の特別の処罰規定は存在しない。そのため，肯定説と否定説が対立しているが，判例はこれを肯定している（最決昭44・7・17刑集23巻8号1061頁）。

(2) 教唆犯の幇助犯

教唆犯の幇助犯とは，教唆行為を幇助し，その実行を容易にすることをいう。たとえば，AがBに対し，C殺害を教唆しようとしていた際，Cの居場所が分からないので，DがAにその居場所を教える場合である。この点につき，教唆行為は実行行為ではないとして不可罰とする見解も存在するが，教唆犯を通じて，正犯を幇助していると解せば，処罰を肯定することができる。

ワーク 20　演習問題

【問】　教唆犯に関する次の記述のうち，通説・判例に照らし，正しいものはどれか。　　　　　　　　　　　　　　　　　【法学検定試験4級程度】

(1) 過失による教唆を教唆犯として処罰することは許されない。

(2) AはBに強盗をするよう唆したが，Bは自ら実行せずにCに強盗するよう唆し，Cがこれを実行に移したときには，教唆犯は成立しない。

(3) 教唆に基づく犯罪行為の客体は，教唆行為の当時に現に存在していなければならない。

(4) 教唆行為は明示的なものでなければならず，黙示的な方法による教唆は認められない。

(担当：大野正博)

Lesson 21　共犯の諸問題

1　共犯と身分

共犯と身分については，刑法65条に特別の規定が設けられている。

第65条（身分犯の共犯）　①　犯人の身分によって構成すべき犯罪行為に加功したときは，身分のない者であっても，共犯とする。
②　身分によって特に刑の軽重があるときは，身分のない者には通常の刑を科する。

---

(1)　身分犯とは

　刑法では，一定の身分，地位または属性をもつことを構成要件の内容とする犯罪がある。たとえば，収賄罪（197条以下）の「公務員又は仲裁人」や秘密漏示罪（134条）の「医師」等であり，これを身分犯という。身分犯には，一定の身分がなければ，犯罪を構成しないもの（**真正身分犯・構成的身分犯**）と，身分の有無によって法定刑が加重されたり減軽されたりするにすぎないもの（**不真正身分犯・加減的身分犯**）とがある。真正身分犯とは，収賄罪の「公務員又は仲裁人」，横領罪（252条）の「占有者」，背任罪（247条）の「事務処理者」等である。不真正身分犯とは，常習賭博罪（186条）の「常習者」，業務上横領罪（253条）の「業務上」の占有者，業務上堕胎罪（214条）の「医師，助産婦，薬剤師又は医薬品販売業者」等である。なお，事後強盗罪も窃盗犯人を主体とする真正身分犯（判例では真正身分犯とするもの（大阪高判昭62・7・17判時1253号141頁）と不真正身分犯とするもの（東京地判昭60・3・19判時1172号155頁）がある）と解すべきである。

(2)　身分とは

　65条にいう身分とは，「男女の性別，内外国人の別，親族の関係，公務員た

る資格のような関係のみに限らず，総て一定の犯罪行為に関する犯人の人的関係である特殊の地位または状態」とされている（最判昭27・9・19刑集6巻8号1083頁）。さらに，判例では，目的（たとえば「営利の目的」）のような主観的要件も身分に含まれると解されている（最判昭42・3・7刑集21巻2号417頁）。通説も目的を身分に含める判例の立場を支持している。なお，目的のような一時的な心理状態は行為者の地位または状態を意味する身分とは異なるという見解（福田平，大塚仁）もある。

(3) 65条1項と2項との関係

65条1項は，身分のない者も身分のある者として扱われることを規定し，2項は，身分のない者は身分のある者とは同じ扱いをしないことが規定されている。すなわち，1項は**身分の連帯的作用**を，2項は**身分の個別的作用**を規定したと考えられ，一見すると矛盾する内容をもつように理解できる。そこで，1項と2項との関係をどのように考えるのかという点をめぐって，学説・判例が対立してきた。

①判例・通説は，65条1項は真正身分犯の連帯的作用を規定したものであり，65条2項は不真正身分犯の個別的作用を規定したものであると解している。これに対して，学説では，②65条1項は真正身分犯・不真正身分犯を問わず共犯の成立の問題を，65条2項は不真正身分犯について科刑の問題を規定したものであると解する見解（団藤重光，福田平，大塚仁），③65条1項の身分は行為の違法性に影響を与える違法身分であり，65条2項の身分は責任に影響を与える責任身分であるので，**違法身分**は連帯的に作用し，**責任身分**は個別的に作用すると解する見解（平野龍一，西田典之），も有力に主張されている。

②説は，共犯従属性説を徹底した見解であり，身分者と非身分者に同じ犯罪が成立するが（罪名を共同するという犯罪共同説的思考がその背景にある），科刑は分離することになる。この見解に対しては，犯罪の成立と科刑とを分離させる点が批判されている。③説は，通説である制限従属性説（違法評価は連帯するが，責任評価は個別的に考える）の帰結に整合するものであり，理論的であるが，違法身分と責任身分とを区別することが困難であり，違法身分と責任身分の区別が真正身分犯と不真正身分犯の区別に対応しないという問題もある。この点，判例・通説は，65条1項・2項はそれぞれ犯罪成立に関する規定

であり，真正身分犯・不真正身分犯の区別に対応して，65条1項と2項とを適用することになり，非常に明快である。ただ，判例・通説に対しては，何故，真正身分犯には身分の連帯的作用を認め，不真正身分犯については身分の個別的作用を認めるのかという問題について，理論的根拠を呈示していないという批判が加えられている。なお，判例・通説では，65条1項の「共犯」に教唆犯・幇助犯のほか共同正犯も含まれると解している（最決昭40・3・30（刑集19巻2号125頁）は，女性が男性の強姦行為に関与した事例で，非身分者・女性と身分者・男性は強姦罪の共同正犯になることを認めた。なお，②説では，真正身分犯について，非身分者は身分者の共同正犯たり得ないと解している）。

(4) 具体的な適用

65条1項と2項との具体的な適用を検討してみよう。

＜非身分者が身分者の犯罪に加功した場合＞

(a) 公務員でないXが公務員Yに収賄を教唆した場合，判例・通説の立場では，収賄罪は真正身分犯であり，Xには65条1項が適用され，収賄罪の教唆犯が成立する。Yは収賄罪の正犯である。②説，③説のいずれに従っても，Xは収賄罪の教唆犯であり，Yは収賄罪の正犯である。

(b) 非業務者非占有者Xが業務上占有者Yに横領を教唆した場合，業務上横領罪は二重の意味での身分犯であるので，通説の立場では，Xには，65条1項が適用され，単純横領罪の教唆犯が成立し，Yは業務上横領罪の正犯である（65条2項が適用される）。なお，②説を適用すれば，Xには，先ず，65条1項が適用され，業務上横領罪の教唆犯が成立するが，Xは業務者ではないので，65条2項を適用して単純横領罪の刑で処罰することになる。判例は，この立場に立っている（最判昭32・11・19刑集11巻12号3073頁）。③説からは，占有者たる身分は違法身分であり，業務者は責任身分であるから，非占有者Xには，65条1項が適用され，単純横領罪の共犯になるが，業務者という身分はXには関係ないので，2項が適用され，単純横領罪の教唆犯が成立する。

＜身分者が非身分者の犯罪に加功した場合＞

(c) 賭博常習者であるXが常習者でないYの麻雀賭博を幇助した場合，判例・通説では，Yは単純賭博罪の正犯であるが，常習者Xには，65条2項を適用して，常習賭博罪の幇助が成立する。これに対して，②説では，65条2項は，

正犯に身分があり共犯に身分がない場合を想定しており，「身分のある者には身分犯の刑を科す」と規定していない以上，常習者Xには，65条2項は適用されず，単純賭博罪の幇助が成立する。何故なら，共犯従属性を徹底すれば，共犯と正犯の罪名は同じはずであり，正犯に単純賭博罪が成立する以上，共犯Xの罪名も単純賭博罪でなければならない。

(d) 公務員Xが非公務員Yを教唆して賄賂を収受させた場合，非公務員であるYには身分がないので構成要件該当行為を行うことはできず，通説は共犯従属性説の立場より教唆犯の成立を認めず，Xに間接正犯（身分なき故意ある道具）あるいは共同正犯の成立を認めうるとする。

2 共犯と錯誤

共犯と錯誤とは，正犯者が共犯者の教唆内容と異なる行為を実行するように，共犯者の当初の主観的認識と正犯者の実現した事実が異なる場合をいう。基本的には単独犯の錯誤理論によって解決されるが，共犯理論と錯誤理論とが錯綜しているので，より複雑化している。なお，正犯者が共犯者の意思内容以上の行為をしたり，共同意思以上の行為をした場合は，**共犯の過剰**という。判例・通説は**法定的符合説**に従っている。

(1) 同一構成要件内の錯誤（具体的事実の錯誤）

共同正犯の錯誤（共同行為者相互間の認識に錯誤がある場合）や教唆犯の錯誤（教唆者の認識と被教唆者の実行との間に錯誤がある場合）について，法定的符合説からは，同一構成要件内にある限り故意は阻却されない。たとえば，共犯者の一部が被害者を誤認して殺害した場合，共同行為者全員に殺人の共同正犯が成立する。また，XがYに甲方での窃盗を教唆したところ，Yは乙方で窃盗を実行した場合，Xには窃盗罪の教唆が成立する。この場合，具体的符合説からは，Yにとっては方法の錯誤になろうが，甲方には侵入していない以上Xには窃盗未遂の教唆も認めることができず妥当でない。

(2) 異なる構成要件間の錯誤（抽象的事実の錯誤）

この場合，構成要件が重なりあう限度で故意を認めることができる。共同正犯の場合，XとYがZを切りつけることを共謀し，Xは殺人の故意でYは傷害の故意で実行したときには，重なり合う傷害致死罪の範囲で共同正犯が成立し，

Xのみが殺人罪の罪責を負う（最決昭54・4・13刑集33巻3号179頁）。なお，結果的加重犯の場合，共同正犯者が基本的犯罪について認識を有する限り重い結果についても共同責任を問いうる。したがって，暴行の共同実行の意思があれば，傷害罪，傷害致死罪の罪責を問いうる（最判昭23・5・8刑集2巻5号478頁，最判昭23・10・6刑集2巻11号1267頁）。また，XがYに窃盗を教唆したところ，Yが占有離脱物横領を実現した場合，窃盗罪と占有離脱物横領罪のそれぞれの構成要件が重なり合う範囲で軽い占有離脱物横領罪の教唆が成立する。反対に，軽い罪を教唆したのに正犯が重い罪を実現した場合，たとえば，XがYに窃盗を教唆したところYが強盗を実現した場合，軽い窃盗罪の教唆が成立する。この場合，正犯には強盗罪が成立するので，共犯の罪名も正犯に従属して強盗罪の教唆とし，科刑のみ窃盗の範囲で処罰すると考えることもできるが，部分的犯罪共同説や行為共同説からはこの見解は支持できない。共犯には構成要件が重なり合う範囲で軽い犯罪の教唆が成立すると考えるべきである。

(3) 共犯の過剰

共犯の過剰が問題となるのは，関与者の一部が共謀の内容を超えて行為するような共同正犯の場合である。窃盗を共謀したが共謀者の一人が強盗を犯した場合や，傷害を共謀したのに共謀者の一人が殺意をもった場合には，過剰結果（強盗，殺人）については他の共同正犯者には責任は問いえない。軽い罪（窃盗罪，傷害罪）の範囲で帰責される。問題は結果的加重犯の場合である。判例は，結果的加重犯の加重結果を共犯者・共同正犯者に帰責する（最判昭23・10・6刑集2巻11号1267頁）。したがって，強盗を共謀したところ一人が強盗殺人を犯した場合，共謀者全員に強盗致死罪が成立する（大阪地判平8・2・6判タ921号300頁）。多数説は，結果的加重犯の成立には重い結果について予見可能性（過失）を要求する。過失の共同正犯や過失による共犯を認める立場からは問題なく結果的加重犯の罪責を負わせることができるが，結果的加重犯の基本犯について犯意を生ぜしめている以上，それによって生じた相当因果関係の範囲内の加重結果を，教唆行為が惹起したと評価することは可能である。

(4) 間接正犯と教唆犯の錯誤

XがYを利用して殺人の間接正犯を行おうとしたら，Yはその事態を当初から認識し殺意をもって殺人を実行した場合，Xの罪責については，学説では主

観説と客観説が対立している。主観説は行為者の主観に従って犯罪の成否を考える。したがって、Ｘの主観に従って殺人の間接正犯が成立する。客観説は客観面に従って犯罪の成否を考える。したがって、客観的には教唆犯に該当する以上Ｘは殺人の教唆犯になる。間接正犯の故意は実質的には教唆犯の故意を含むと解して、Ｘに殺人の教唆犯の成立を認める客観説が妥当であろう。反対に、教唆犯の意思で間接正犯にあたる事実が実現された場合、38条2項の趣旨から軽い教唆犯の成立を認めるべきであろう。なお、被利用者が途中から利用者の支配を脱し正犯に変化した場合、①被利用者が正犯となるが、利用者の誘致行為は実行行為であり、因果関係の錯誤として処理する見解（したがって、相当因果関係の範囲内にあれば故意は阻却されない）と②間接正犯の未遂と教唆犯が成立するが、全体として評価すると間接正犯一罪が成立するとする見解と③利用者には教唆犯が成立するという見解がある。この場合、客観的には教唆犯が成立しており、間接正犯の故意は教唆犯の故意をも含んでいると解することができるので、教唆犯の成立を認める③の見解が妥当であろう。

ワーク 21　演習問題

【問】以下の記述のうち、正しいものを一つ選びなさい。

【法学検定試験3級程度】

(1) 他人の金銭を業務上保管するＸは、業務ではなく共同保管するＹと共同して他人の金銭を横領した。65条2項は適用されない。

(2) ＸはＹを教唆して、Ｙの父親から預かり、保管している株券を勝手に第三者に売却させた。65条2項が適用される。

(3) ＸはＹにＡを殺害するように唆し、Ｙはその決意をしたが、ＢをＡと誤認してＢを殺害した。Ｘには殺人罪の教唆犯が成立する。

(4) ＸはＹにＡ宅で窃盗をするよう唆したが、ＹがＡ宅を放火した。Ａには放火罪の教唆犯が成立する。

（担当：末道康之）

第3章

罪数論，刑罰論

Lesson 22　罪　数　論

> 第45条（併合罪）　確定裁判を経ていない二個以上の罪を併合罪とする。ある罪について禁錮以上の刑に処する確定裁判があったときは，その罪とその裁判が確定する前に犯した罪とに限り，併合罪とする。
> 第54条（一個の行為が二個以上の罪名に触れる場合等の処理）　一個の行為が二個以上の罪名に触れ，又は犯罪の手段若しくは結果である行為が他の罪名に触れるときは，その最も重い刑により処断する。
> ②　第49条第２項の規定は，前項の場合にも，適用する。

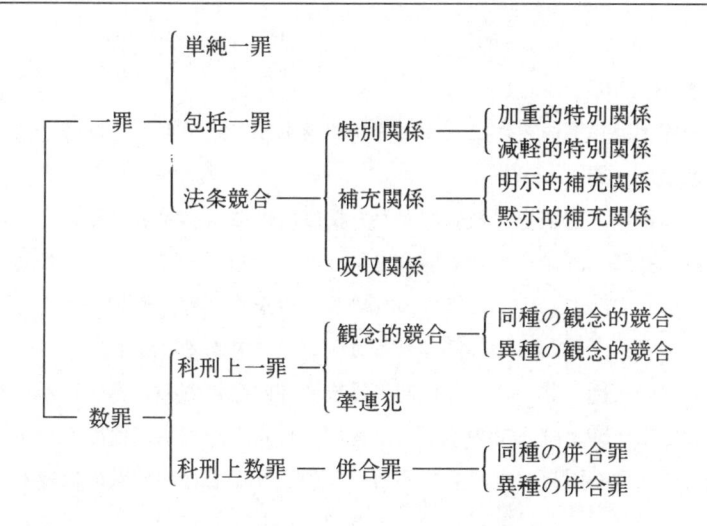

```
        ┌ 単純一罪
        │
  ┌ 一罪 ┤ 包括一罪            ┌ 特別関係 ┬ 加重的特別関係
        │                    │        └ 減軽的特別関係
        │         ┌ 特別関係  │
        └ 法条競合 ┤ 補充関係  ┤ 補充関係 ┬ 明示的補充関係
                  │          │        └ 黙示的補充関係
                  └ 吸収関係  │
                             └
                             
        ┌ 科刑上一罪 ┬ 観念的競合 ┬ 同種の観念的競合
        │          │           └ 異種の観念的競合
  ┌ 数罪 ┤          └ 牽連犯
        │
        └ 科刑上数罪 ─ 併合罪 ┬ 同種の併合罪
                             └ 異種の併合罪
```

1　罪数論とは

　通常，犯罪は一つの行為に由来し，一つの犯罪が実現される。たとえば，一人を殺害したり，１台のパソコンを盗んだりするのが典型的な犯罪である。しかし現実には，複数人を傷つけたり，複数の詐欺をはたらいたり，物を壊して

中から別なものを盗んだり、複雑な事件が少なくない。そのような事例を刑法的にどう評価するのかを検討するのが罪数論の問題である。

2 行為の個数と犯罪の個数

行為の個数について判例は「一個の行為とは、法的評価をはなれ構成要件的観点を捨象した自然的観察のもとで、行為者の動態が社会的見解上一個のものとの評価をうける場合をいう」（最判昭49・5・29刑集30巻4号114頁）として、自然的観察を基にして行為の個数を規定しようとしている。これに対して学説からは、専ら自然的観察による評価ではなく、規範的な観点からも観察されねばならないと批判されている。

犯罪の個数については構成要件的評価の回数によって決まり、一個の構成要件に該当すれば一罪、数個の構成要件に該当すれば数罪とするのが通説である（福田平、前田雅英）。

3 一 罪

(1) 単 純 一 罪

単純一罪とは、構成要件に該当する犯罪事実が1回発生する場合である。

(2) 包 括 一 罪

包括一罪とは、認識上、数回にわたり構成要件に該当するように見えるが、1回の構成要件的評価を受ける場合をいう。しかし、定義はかなり多岐にわたり、それぞれの論者によって異なっている。少なくとも、単純一罪でも法条競合でもないが、一罪として評価されるカテゴリーである（前田雅英）。

(a) 狭義の包括一罪　とくに同一構成要件内の数個の行為が行われた場合を**狭義の包括一罪**と呼んでいる。たとえば、行為者が相手に何度も罵声を浴びせた場合や何度も殴打した場合である。このような場合、複数の侮辱罪や複数の暴行罪が成立するわけではない。一個の侮辱罪なり、一個の暴行罪が成立する。もちろん、これらの行為が時間的に接近したものでなければならないことはいうまでもない。

(b) 接続犯　**接続犯**とは、同一の犯意に基づき、同一の法益侵害に向けられ、かつ時間的、場所的に近接した数個の行為がそれぞれ構成要件を満たす場

合である。判例では同一の倉庫からわずか2時間の間に数回にわたり米俵9俵を窃取した事案に対して,「これを一罪と認定するのが相当であつて独立した三個の犯罪と認定すべきではない」(最判昭24・7・23刑集3巻8号1373頁) としている。なお,昭和22年に刑法が改正されるまでは,連続犯の規定「連続シタル数個ノ行為ニシテ同一ノ罪名ニ触ルルトキハ一罪トシテ之ヲ処断ス」が存在した。これによれば,接続犯ほど時間的・場所的に接近していないが,同一構成要件に該当する行為を数回繰り返した場合も一罪として処理されていた。しかし,このような事例を一罪として扱わないことは合理的とは言えず,よって同条削除後も一罪として扱われている(最判昭32・7・23刑集11巻7号2018頁)。接続犯と連続犯は定義としては区別されているが,実際上の区別は困難であるといえる。

(3) 法条競合

法条競合とは,一個の行為が複数の構成要件に該当するように見えるが,それぞれの構成要件の相互の関係から一つだけが適用され,その他のものは排除される場合である。

(a) **特別関係** それぞれの構成要件が特別法と一般法の関係に立つ場合で,特別法が優先される。加重的特別関係として横領罪 (252条) と業務上横領罪 (253条),減軽的特別関係として殺人罪 (199条) と同意殺 (202条) が挙げられる。

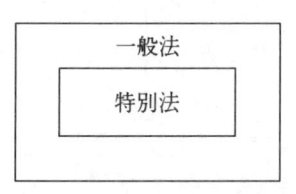

```
┌─────────────────┐
│    一般法        │
│  ┌─────────┐   │
│  │  特別法  │   │
│  └─────────┘   │
└─────────────────┘
```

(b) **補充関係** それぞれの構成要件が基本的法規と補充的法規の関係に立つ場合で,基本的法規が優先される。明示的補充関係として建造物等以外放火 (110条),黙示的補充関係として未遂と既遂がある。

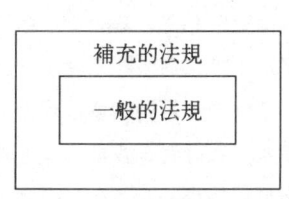

```
┌─────────────────┐
│   補充的法規      │
│  ┌─────────┐   │
│  │ 一般的法規│   │
│  └─────────┘   │
└─────────────────┘
```

(c) **吸収関係**　一つの構成要件の実現が他の構成要件の実現を含んでおり，一方が他方を吸収する場合である。衣服を切り裂き，ナイフで殺人を行った場合の殺人罪 (199条) と器物損壊等 (261条) がこれにあたり，器物損壊等は殺人罪に吸収される。しかし，この吸収関係という概念を認めず，法条競合のカテゴリーからはずす考え方もある (前田雅英)。

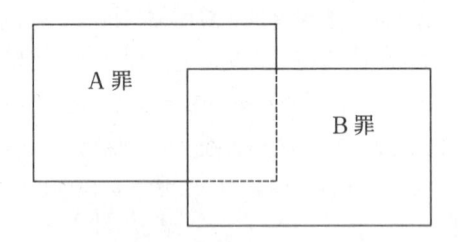

(d) **択一関係**　一方の構成要件が成立すれば，他方の構成要件が排除される場合である。横領罪 (252条) と背任罪 (247条) がその関係に立つ。しかし，真に択一関係にあるということは，論理的に排他的な関係なのだから，法条は「競合」しておらず，法条競合のカテゴリーに含めるのは本来はおかしなことである。

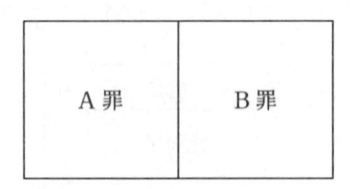

(4) 不可罰的事後行為

ある構成要件の実現の後に別の構成要件に該当するような行為をしたが，最初の構成要件が後の構成要件の内容を共に評価し，含んでいる場合，後の行為は独立して処罰されることはない。つまり，窃盗罪のような状態犯の場合，犯罪の終了後も法益侵害状態は継続しているので，窃取した財物をどのように扱おうが，その後の法益侵害はすでに窃盗罪で評価されており，独立して処罰されることはないのである。これを**不可罰的事後行為**，とくに最近では**共罰的事後行為**と呼ぶ。たとえば窃盗後に財物を毀棄しても器物損壊等 (261条) で処罰されることはない。この不可罰的事後行為をどのカテゴリーに分類するかにつ

いては論者によってさまざまである。法条競合の吸収関係に分類するのが多数説のようであるが，法条競合に含めず，包括一罪とする論者もいる。また，事後の行為の法的性質についても争いがあり，構成要件該当性がなくなるのか，あるいは構成要件に該当し，違法，有責であるが，罪数論的処理で処罰しないだけなのかが問題となっている。

4 数　罪

　行為者が複数の構成要件に該当する行為をすると行為者には数罪が成立する。その際，科刑上一罪として扱われる場合と併合罪とされる場合がある。

(1) 科刑上一罪

　行為者が数罪を犯した場合でも，一定の要件の下，一罪として扱われ，最も重い刑で処断される。この科刑上一罪には観念的競合と牽連犯がある。

　(a) **観念的競合**（54条前段）　観念的競合は，一個の行為で二個以上の罪名に触れる場合である。行為は一個でなければならない。一個の行為の意義については前述2を参照。また，観念的競合には同種の観念的競合と異種の観念的競合がある。数人を殺害した場合や数人に賄賂を贈った場合などが同種の観念的競合であり，殺意をもって婦人を強姦し，死亡させた場合（強姦致死罪と殺人罪）や公務員が職務に関し脅迫し，財物を交付させた場合（恐喝罪と収賄罪）などが異種の観念的競合である。

　(b) **牽連犯**（54条後段）　牽連犯は，犯罪が手段と目的，または原因と結果の関係に立つ場合である。どのような場合に手段と目的，原因と結果の関係に立つかについては，通説は，客観的立場から数個の行為が経験上通常一般的に手段と結果の関係に立つかが基準となるとしている（福田平）。判例は「数罪が牽連犯となるためには犯人が主観的にその一方を他方の手段又は結果の関係において実行したというだけでは足らず，その数罪間にその罪質上通例手段結果の関係が存在すべきものたることを必要とする」（最判昭24・12・21刑集3巻12号2048頁）として，主観的にも客観的にも牽連関係がなければならないとしている。牽連関係が認められるのは，住居侵入罪と窃盗罪，強盗罪，強姦罪，傷害罪，殺人罪，放火罪など，また，文書偽造・有価証券偽造と偽造文書・偽造有価証券行使罪，さらに，偽造文書・偽造有価証券行使罪と詐欺罪である（前田

雅英)。なお，牽連犯のような規定は諸外国でもほとんど例がない。改正刑法草案ではこのような条文は規定されていない。

　(c) **かすがい現象**　　かすがい現象とは，行為者が本来併合罪になるべき数罪（A罪，B罪）を犯したが，それぞれがある同一の罪（C罪）と観念的競合か牽連関係にある場合，C罪が全体をくくるクリップ（かすがい）の役割を果たし，それぞれの罪（A罪，B罪）が科刑上一罪になることをいい，判例が認めている（最判昭29・5・27刑集8巻5号741頁など）。たとえば，行為者が住居侵入をしてAとBを別々に殺害した場合，住居侵入とAの殺害，住居侵入とBの殺害は，それぞれ牽連犯になる。本来，Aの殺害とBの殺害は二個の行為で併合罪となるはずだが，住居侵入罪がかすがいの役割を果たし，全体として科刑上一罪となる。

　(2) **併 合 罪** (45条)

　併合罪とは，確定裁判を経ていない二個以上の罪のことである。行為者に数罪が成立し，しかも科刑上一罪にならない場合，それぞれ別個に処断するよりも，まとめて処断する方が合理的である。刑法はこのような場合のために，併合罪を規定している。また，ある罪について禁錮以上の刑に処する確定裁判があった場合は，その罪とその裁判が確定する前に犯した罪とを併合罪とする。

> **ワーク 22**　演習問題

【問】　次の事例のうち数罪が処罰されるのはどれか。

【法学検定試験3級程度】

(1)　行為者Aはビデオデッキを窃取をした後，ハンマーで粉々にした。
(2)　行為者AはBに5，6回殴りつけた。
(3)　行為者Aはレコード店からCDを窃取した後，その向かいスーパーのレジから現金5万円を窃取した。
(4)　行為者AはBの家に忍び込み，家宝である「打ち出の小槌」を窃取した。

(担当：小名木明宏)

Lesson 23　刑罰制度

1　刑罰の種類

> 第9条（刑の種類）　死刑，懲役，禁固，罰金，拘留及び科料を主刑とし，没収を付加刑とする。

　刑罰の種類は，それが剥奪する法益の区別によって，生命刑，身体刑，自由刑，名誉刑，財産刑の5種類がある。生命刑とは，人の生命を奪う刑罰で，死刑がこれにあたる。身体刑とは，人の身体を侵害する刑罰で，杖刑，笞刑，肉刑（手足など身体の一部を切り落とす刑）などがあるが，近代以降はしだいに減少した。自由刑は，人の自由を奪う刑罰で，懲役刑と禁固刑，追放刑，流刑などがある。名誉刑とは，人の名誉を奪う刑罰で，公民権剥奪などがある。財産刑とは，財産を奪う刑罰で，罰金，科料，没収がある。現代の刑罰は，自由刑と罰金刑が中心である。

　日本の刑法9条は，生命刑としての**死刑**，自由刑としての**懲役**，**禁固**，**拘留**，財産刑としての**罰金**，**科料**，**没収**の7種類を定めている。このうち，没収だけが付加刑で，それ以外は主刑である。

(1)　死　　刑

　諸外国，とくに西欧諸国では死刑を廃止する国がしだいに増加しているが，わが国の刑法典は，12種類の犯罪（内乱，外患誘致，外患援助，現住建造物等放火，激発物破裂，現住建造物等侵害，汽車転覆等致死，往来危険汽車転覆等致死，水道毒物等混入致死，殺人，強盗致死，強盗強姦致死）について，**死刑**を定めている。その他，特別法で5種類の犯罪（爆発物使用，決闘死，航空機強取等致死，航空機墜落致死，人質殺害）に死刑を法定する。そのうち，外患誘致罪（81条）は死刑が絶対的法定刑であるが，その他は選択刑となっている。

なお，少年法51条は，犯罪時に18歳未満であった者には死刑を適用することができないとしている。

死刑の執行方法は，監獄内で絞首して執行する（11条1項）。

わが国の死刑言渡し人員と死刑執行人員は戦後減少を続け，執行人員も1970年代後半以降，1桁にとどまっている。

(2) **自　由　刑**

現代の刑罰の中心を占める自由刑は，伝統的に，定役（刑務作業）を科す**懲役**と，定役を科さない**禁固**とに分かれている。ただし，禁固囚でも，希望すれば刑務作業につくことができる。わが国の刑法もその2種類を定めており，無期と有期とがある。有期は1月以上15年以下である（12条1項・13条1項）が，20年まで加重または1月以下に減軽することができる（14条）。**拘留**は，拘留場に短期間（1日以上30日未満）拘置する。

数カ月から1年程度の短期自由刑は，受刑者の教育・改善には短かすぎ，威嚇力・抑止力も小さい反面，職業生活・家庭生活に与える影響は大きく，社会復帰を困難にしたり刑務所で他の犯罪者から悪影響を受けるなど弊害が多いとの批判が多い。諸外国では，公益奉仕労働（拘禁に代わり，道路の清掃など定められた作業を行う）や運転免許の取消などの権利剥奪刑を代替刑として活用する国もふえてきているが，わが国では未だ採用されていない。

(3) **財　産　刑**

財産刑は，一定の金額を国庫に強制的に納付させる刑罰である。わが国の刑法典では，1万円以上のものを**罰金**（15条），千円以上1万円未満のものを**科料**（17条）として区別している。

罰金刑は，上に述べたような短期自由刑のもつ弊害を回避できる利点があるが，貧富の差により不公平が生じるという難点がある。西欧諸国で採用されている日数罰金制度（犯人の責任に応じた日数に，資力に応じた一定額をかけて，罰金とするもの）は，この難点を克服しようというひとつの試みであるが，日本では未だ採用されていない。

付加刑としての**没収**も，財産刑の一種である。没収は，①犯罪行為を組成したもの（組成物件），②犯罪行為に供し，または供しようとしたもの（供用物件），③犯罪行為から生じたもの（産出物件），犯罪行為から得たもの（取得物

件），または犯罪行為の報酬として得たもの（報酬物件），④③のものの対価として得たもの（対価物件）について命じられる（19条1項）。第三者没収は，原則として認められない（19条2項）。

追徴は，没収が不可能な場合に，対象物の価額を国庫に納付させる処分である（19条の2）。

2 刑の量定

(1) 法定刑・処断刑・宣告刑

刑罰法規の各条文に定められている刑罰を法定刑という。わが国の刑法は，刑の種類と量についての許容範囲が非常に広い。たとえば，殺人罪（199条）の法定刑は「死刑，無期，3年以上の懲役」，窃盗罪（235条），詐欺罪（246条）などのそれは「10年以下の懲役」となっており，その範囲で裁判官に広い裁量を認めている点が特徴的である。

法定刑に加重・減軽を加えて得られた刑を**処断刑**という。この処断刑の範囲内で，裁判官が裁量により，具体的な宣告刑を決定し，言い渡す。この作業を**刑の量定**または**量刑**という。

(2) 刑の加重・減軽

刑法は，法律上の刑の加重事由として，**併合罪**加重（47条）と**累犯**加重（57条）とを定めている。併合罪についてはすでに説明された（Lesson 22 罪数論参照）。刑法上の累犯（再犯）とは，懲役などに処せられた者がその執行を終わった日またはその執行の免除を得た日から5年以内に再び犯罪を犯し，有期懲役に処せられた場合をいう（56条）。累犯加重をする場合，法定刑の長期の2倍以下まで加重できる（57条）が，20年を超えることはできない（14条）。

法律上の刑の減軽事由として，以下に述べるような**必要的減軽事由**と**任意的減軽事由**とを定めている。必要的減軽事由には，心神耗弱（39条2項），従犯（63条），中止犯（43条ただし書）などがあり，任意的減軽事由には，未遂犯（43条），過剰防衛・避難（36条2項・37条1項ただし書），法律の錯誤（38条3項），自首（42条）などがある。

このような法律上の減軽事由の他，裁判所が任意に行う減軽事由として，**酌量減軽**がある（66条）。

刑の減軽の方法として，①死刑は無期または10年以上の自由刑に，②無期の懲役・禁固は7年以上の懲役・禁固に，③有期の懲役・禁固はその刑期を2分の1に，④罰金は金額を2分の1に，⑤拘留は長期を2分の1に，⑥科料は多額を2分の1にそれぞれ減ずる（68条）。

加重事由と減軽事由が複数存在する場合は，①再犯加重，②法律上の減軽，③併合罪加重，④酌量減軽，の順に作業を行う（72条）。

ワーク 23　演習問題

【問】次に掲げる刑罰のうち，性質が他と異なるものはどれか。

【法学検定試験4級程度】

(1) 懲役
(2) 禁固
(3) 罰金
(4) 没収

（担当：島岡まな）

ワークスタディ
刑法総論

解答と解説

解答

<ワーク1>

正解 (2)

【解説】
(1) 正　古典学派の主張である道義的責任論は，自由意思の下で犯罪行為に出たことに対する道義的非難が責任であるとするものであるから，正しい。
(2) 誤　新派の主張である目的刑論によれば，犯罪者の責任を要件とせず，性格の危険性および改善可能性によって刑罰の量が決定されるため，行為者の危険性を根拠に認められる保安処分と刑罰の区別がない一元主義と結びつく。したがって，二元主義との組み合わせは誤り。
(3) 正　古典学派の代表的論者で「近代刑法学の父」と呼ばれるドイツのフォイエルバッハは，権利侵害としての犯罪に対してその利益を上回る苦痛である刑罰を科すことによって国民を心理的に強制し，犯罪から遠ざけるという一般予防論を主張した。したがって，一般予防論と心理強制説との組み合わせは正しい。
(4) 正　新派の主張である社会的責任論は，犯罪者は，素質や環境により犯罪を行うよう決定づけられているため意思の自由はなく，その行為を道義的に非難することはできないので，その責任の根拠を行為者の危険な性格，その危険性のゆえに社会から隔離される一定の地位に求めた。したがって，社会的責任論と意思決定論との組み合わせは正しい。

<ワーク2>

正解 (4)

【解説】
(1) 誤　類推解釈は禁止されるが，拡張解釈は許されるとするのが通説である。
(2) 誤　罪刑法定主義は予測可能性を保障する原理であり，これによれば行為時法が常に適用されるべきだということになる。これに対して6条は，犯罪後の法律によって刑の変更があったときは軽い刑を適用すると定めるが，これは罪刑法定主義の要請ではない。
(3) 誤　政令による罰則の制定は，法律がそれを個別的・具体的に委任している場合（特定委任）にのみ許される。
(4) 正　慣習刑法の排斥とは，慣習は刑法の法源としては認められないということであり，法律の解釈にあたりこれを考慮することは問題ない。

<ワーク3>

正解　(2)

【解説】
(1) 正　　属人主義による（3条13号）。
(2) 誤　　属人主義、属地主義、保護主義のいずれにもあてはまらない。
(3) 正　　保護主義による（2条4号）。
(4) 正　　旗国主義による（1条2項）。

<ワーク4>

正解　(3)

【解説】
(1)(2)(4)は、いずれも後段部分が誤っている。
(1) 誤　　放火罪は、(他人の物件に対するかぎりで) 財産の侵害という側面も含むが、主たる保護法益である公共の安全との関係では危険を生じさせることをもって足りるので、侵害犯ではなく危険犯に分類される。
(2) 誤　　窃盗罪は、財物に対する支配を自己に移転することによって終了するから、継続犯ではなく状態犯である。
(3) 正　　そのとおり。偽証罪は、審判作用を誤らせる危険を処罰する抽象的危険犯と解されている。
(4) 誤　　文書偽造罪は、文書に対する公共の信用を危険にさらすことを内容とする抽象的危険犯であって、侵害犯ではない。

<ワーク5>

正解　(4)

【解説】
(1) 誤　　不作為犯の成立には、作為義務とともに作為可能性がなければならない。この母親には後者が欠ける。
(2) 誤　　サラリーマンには、幼児に対する保障人的義務がない。
(3) 誤　　サラリーマンには作為義務がなく、遺棄行為も存在しない。
(4) 正　　故意の先行行為（傷害）に基づく作為義務、殺人の未必の故意が認められる（東京地判昭57・12・22判タ494号142頁参照）。

<ワーク6>

正解　(3)

【解説】
(1) 誤　　もしAが衝突させなければXは自動車上にはね上げられることはなく、

したがってBによって引きずり落とされることもなかったのだから、Aの行為とXの死との間には条件関係が認められ、ただ、Bの行動が予想外であるため相当因果関係が否定されるにすぎない。なお、かつて他人の故意行為によって因果関係が中断されるとする中断論もあったが、条件関係の存在を前提する因果関係の「中断」と条件関係の不存在を意味する「断絶」とは明確に区別しなければならない。

(2) 誤　Xが脳梅毒である事実は、行為時に存在する事実として客観的相当因果関係説において判断基底に組み込まれるのはもちろん、行為者が特に知っている場合には折衷的相当因果関係説からも判断基底に組み込まれるから、いずれの見解に立っても相当因果関係は肯定されることになる。

(3) 正　第一の発砲により誤って重傷を負わせなければ第二の発砲もなかったのであるから、第一の発砲とXの死との間の条件関係は肯定される。もっとも、その間の相当因果関係が認められるかどうかは別問題である。

(4) 誤　落雷による病院の火災は、いかなる見地からも予見不可能であるから、折衷的相当因果関係説のみならず客観的相当因果関係説からも判断基底から除外されるため、いずれの見解に立ってもAの行為とXの死との間の因果関係の相当性は否定される。

＜ワーク7＞

正解　(2)，(4)

【解説】

(1) 正　ここでは、次の二つの点を確認しておこう。①形式的違法性論では、違法か否かはすべて法律の規定によると考えるため、明文の規定のない超法規的違法性阻却事由は認められないことになる。これに対して、実質的違法性論では、違法性とは実質的に法（規範）に違反することであると考えるため、法秩序全体の見地から違法性阻却の一般原理に基づき実質的違法性の有無が判断され、超法規的違法性阻却事由が認められることになる。②刑法35条は法令行為と正当業務行為のほかに「その他の正当行為」をも規定したものと解するか否か、また、「その他の正当行為」の範囲をいかに解するかにより、超法規的違法性阻却事由の有無・範囲が決められることになる。

(2) 誤　主観的違法論では、責任能力のある者の行為のみが違法と評価される。したがって、それ以外の場合（責任能力のない者の行為、動物の行動など）は違法とは評価されないことになる。客観的違法論では、責任能力のない者の行為も違法と評価されるが、しかし、人間の行為だけでなく動物の行動をも違法評価の

対象とするか否か，という点についてはその内部で争いがある。伝統的な客観的違法論では，これを肯定するのに対して，修正された客観的違法論では，これを否定している。
(3) 正　行為無価値論では，故意・過失を主観的違法要素として認めている。それ故，故意に死亡結果を惹起したか，過失により死亡結果を惹起したかは，違法性の段階で異なった評価を受けることになる。これに対し，結果無価値論では，既遂犯において故意・過失を主観的違法要素として認めていない。それ故，そこでは，故意・過失は違法評価に影響せず，違法性の段階では人の死亡結果を惹起した点で，殺人罪と過失致死罪は同様に評価されることになる。
(4) 誤　結果無価値論では，故意一般を主観的違法要素として認めない点で共通している。しかし，結果無価値論においても，目的犯における目的や未遂犯における故意などを主観的違法要素として認めるべきか否か，という点については争いがあり，これを例外的に肯定する見解がある。
(5) 正　最決昭61・6・24刑集40巻4号292頁は，同様の事案において，このような厳しい見解を示している。

＜ワーク8＞
1　正解　(4)
【解説】
(1) 正　その通りである。民法上違法でないのに刑法上違法とされるのはおかしいという考え方である。
(2) 正　いわゆる結果無価値論からの主張である。
(3) 正　その通りである。この場合，動物は行為者の武器として機能するので，行為者自身による「不正の侵害」と認められる。
(4) 誤　責任無能力者であっても違法行為をなすというのが通説である。
2　正解　(4)
【解説】
(1) 正　その通りである。行為無価値論から結果価値論に対する一般的な批判である。
(2) 正　その通りである。行為者の主観を無視して，結果的側面のみを重視すると刑法の処罰が偶然によって左右されてしまうということになる。
(3) 正　その通りである。行為無価値論は防衛の意思を軽視していない。
(4) 誤　防衛の意思の要否と実行の着手の時期の問題は関係ない。
＜ワーク9＞

正解　(4)
【解説】
(1)　誤　従来の慣行に反する行為は，急迫不正の侵害であり，これは正当防衛の問題である。
(2)　誤　緊急避難の成立要件の一つである「現在の危難」に該当せず，また「手段の相当性」にも欠ける（最判昭35・2・4刑集14巻1号61頁）。
(3)　誤　野犬は無主物であるため，この場合には，法はまったく関知しない。ただ，飼主が存在した場合に，飼犬を射殺したときに，正当防衛（対物防衛）か，あるいは緊急避難の問題が生じてくる。
(4)　正　37条2項は，業務上特別の義務を有する者は，その範囲内では一般人と異なり緊急避難は許されないとしているが，状況のいかんによっては，特別の義務を有する者でも，緊急避難が許されるとするのが通説である。
(5)　誤　緊急避難には，法益権衡性が要求されるが，この場合は，それが欠けているため，緊急避難は成立しない（関連判例として，大判昭12・11・6大審院判決全集4輯1151号）。

＜ワーク10＞

正解　(3)
【解説】
(1)　誤　被害者の同意によって違法阻却となるのは，個人的法益に対する罪に限定されるため，委託者が承諾すれば横領罪は成立しないことになる。
(2)　誤　他人の事務を処理する者が，本人の同意を得た行為ならば背任罪は成立しない。
(3)　正　傷害罪は本人の同意があれば違法性が阻却されることもあるが，身体という重大な法益を侵害する行為であるだけに，手段と目的など社会的に相当性を欠く場合は，たとえ同意しても違法阻却とはならない。判例も，事故を装った保険金詐欺を目的とした被害者の同意は違法阻却とはならないとしている（最決昭55・11・13刑集34巻6号396頁）。
(4)　誤　殺人についての承諾（同意）の場合は，202条の同意殺人罪が成立し，殺人罪（199条）の成立はない。
(5)　誤　窃盗罪は個人的法益に対する罪の一つで財産犯罪であり，被害者の同意があれば犯罪は成立しない。これは，(1)，(2)の場合と同様である。

＜ワーク11＞

正解　(2)

【解説】
(1) 正　鑑定人の証言は，裁判官が被告人の責任能力の有無について法律判断を行うための一つの証拠資料である（最決昭59・7・3刑集38巻8号2783頁）。
(2) 誤　実行の着手時点で責任能力があれば，「原因において自由な行為」とするまでもなく完全な責任を問いうる。
(3) 正　飲酒時の意思決定に導かれて心神耗弱下での万引きが行われたとは認められない。39条2項が適用される。
(4) 正　行為支配論に基づく間接正犯論ならば，このように論ずることも可能といえよう。

<ワーク12>
正解　(3)
【解説】
(1) 誤　行為者の考えた条件が成立して射殺すれば故意はある（条件つき故意）が，条件が満たされておらず，行為者はその実行行為を認識していないから，故意はない。
(2) 誤　結果発生を確実だと認識している以上故意は認められる（確知）。
(3) 正　Bに散弾があたるとの認識があり，それを認容しているので，未必の故意を認めることができる。
(4) 誤　結果の発生が不確実であっても，それを強く意図しているときは，確定的故意を認めることができる。

<ワーク13>
1　正解　(2)
【解説】
(1) 誤　犬それ自体を誤認しているので事実の錯誤である。
(2) 正　そばにいる別の客体へ結果が生じているので方法の錯誤である。
(3) 誤　行為の許容性についての誤解であるから違法性の錯誤である。
(4) 誤　これも可罰性についての誤信であるから違法性の錯誤となる。
2　正解　(2)
【解説】
(1) 正　人を殺害しようとして他人の犬を殺害した抽象的事実の錯誤の事例にあたる。この場合，抽象的符合説からは生じた事実について故意の成立を認める。
(2) 誤　客体の錯誤の場合，法定的符合説も具体的符合説も故意犯の成立を認める。

(3) 正　法定的符合説でも，成立する故意犯の数について見解の対立がある。
(4) 正　法定的符合説からは，構成要件の重なり合いがある範囲でのみ故意を認めることができる。したがって，この場合，せいぜい過失犯の成立しか認めることはできない。

3　正解　(3)

【解説】
(1) 正　責任説の内容について述べたものである。
(2) 正　違法性の意識を故意の要件としないため，このように解釈することになる。
(3) 誤　これは違法性の意識不要説からの論述である。
(4) 正　故意と違法性の意識を分離することからこのような批判を受けることになる。

＜ワーク14＞

正解　(2)

【解説】
(1) 誤　行為者に交通法規違反がある場合にも信頼の原則の適用を認める例がある（最判昭和42・10・13刑集21巻8号1097頁参照）。
(2) 正　その通りである（最決平1・3・14刑集43巻3号262頁参照）。
(3) 誤　監督過失の場合にも信頼の原則の適用を認め得る（最判昭63・10・27刑集42巻8号1109頁参照）。
(4) 誤　特別な例（一回限りの無免許運転等）でない限り，通常は自動車運転には業務性が認められ，業務上過失致傷罪になる。

＜ワーク15＞

正解　(3)

【解説】
(1) 誤　強盗罪は暴行・脅迫行為の開始により実行の着手が認められるが，Xは暴行・脅迫行為をしていない。
(2) 誤　殺人の目的でピストルを購入しY宅に向かう行為は殺人の予備行為にすぎない。
(3) 正　暴行・脅迫も存在していないし，姦淫行為も存在していない。
(4) 誤　倉庫の鍵を開けて倉庫に侵入しようとする段階で，窃盗罪の実行の着手がある。

＜ワーク16＞

正解　(5)

【解説】

(1) 相対不能として，不能犯の成立を否定している（大判昭7・3・25新聞3402号10頁）。
(2) 相対不能として，不能犯の成立を否定している（東京高判昭25・11・9判特15号23頁）。
(3) 一般人の認識では，都市ガスを室内に漏出させることは，その室内にいる者を死に致すに足りる危険な行為であるとして，不能犯の成立を否定している（岐阜地判昭62・10・15判タ654号261頁）。
(4) 相対不能として，不能犯の成立を否定している（東京高判昭26・6・9判特21号106頁）。
(5) 絶対不能として，不能犯の成立を肯定している（東京高判昭29・6・16高刑集7巻7号1053頁）。

＜ワーク17＞

正解　(3)

【解説】

(1) 誤　　現住建造物放火罪は既遂に達している。犯罪が既遂に達しても，作為による中止行為の任意性・真摯性が認められる場合には，43条ただし書を準用ないし類推適用して刑の減免効果を肯定するべきだと主張する見解もあるが，中止犯は，犯罪が未遂にとどまった場合にかぎり成立すると解するのが，通説である。
(2) 誤　　本当に盗みの対象となりうる物が存在しないのであれ，本当はあるのに行為者がないと誤信したのであれ，行為者の認識した事情は，行為者のみならず一般人も「盗むことができない」と考える事情であるから，可罰未遂となる。なお，本当に盗みの対象となりうる物が存在しなかった場合，不能犯の問題が生じる余地がある。
(3) 正　　「少女がふるえている」という事情は，行為者にとっても一般人にとっても，「姦淫することができない」と考える事情ではなく，「かわいそう」との思いは同情・憐憫の情を意味するから，いずれの見解からも，任意性を肯定できる。
(4) 誤　　他人に結果発生の防止を依頼する場合は，行為者自身が防止したと同視するに足りる程度の真摯な努力によって結果の発生を防止することが必要となる（大判昭12・6・25刑集16巻998頁）。応急手当をするだけでなく，病院に同行をする等の行為をする必要があり，また逃走していることからも，真摯な努力があったとはいえない。

<ワーク18>

正解 (1)

【解説】

　限縮的正犯概念に従っても，乙がなお道具といいうる場合には，背後者の甲に正犯性を認めることは可能である。よって，(1)が明らかに誤っている。拡張的正犯概念からは，構成要件の実現に関与した者すべてを正犯とするのであり，あとは関与の軽微な者に62条，63条を適用して，刑を軽減するにすぎない。なお，判例は，A会社の代表取締役である甲が，同社の従業員乙に命じて，闇米を運搬・輸送させた食糧管理法違反事件で，甲が運搬・輸送の実行正犯であるとした（最判昭25・7・6刑集4巻7号1178頁）。

<ワーク19>

正解 (2)

【解説】

(1) 誤　謀議は必ずしも全員が同時に集まり行うことを要せず，AからB，BからCというように順次に謀議する場合も認められる。

(2) 正　共犯と身分については，65条は，「犯人の身分によって構成すべき犯罪行為に加功したときは，身分のない者であっても，共犯とする」（1項），「身分によって特に刑の軽重があるときは，身分のない者には通常の刑を科する」（2項）とし，解決が図られている。また，判例もこのような立場を採用している。

(3) 誤　謀議に参加していれば，主謀者でなくても「共謀共同正犯」となる。

(4) 誤　いわゆる「見張り」の場合であっても，共同者全員の行為を全体として考察するときは，実行行為の一部負担となり得る（大判明44・12・21刑録17輯2273頁）。

<ワーク20>

正解 (1)

【解説】

(1) 正　過失による教唆の成否に関しては学説上，争いがあるが，そもそも教唆行為とは，他人に特定の犯罪を実行する決意を生じさせるのに適する行為であるため，過失による教唆の観念を認めるべきではない。

(2) 誤　「教唆者を教唆した」場合を間接教唆といい，教唆犯と同様に正犯に準じて処罰される。

(3) 誤　たとえば，懐胎の婦女に対して，分娩後にその生児の殺害を唆すように，教唆行為の当時，客体が存在しない場合であっても，その客体の現出を条件とし

(4)　誤　教唆は明示の場合だけでなく、黙示による場合も認められる。

<ワーク21>

　正解　(3)

【解説】
(1)　誤　業務者としての身分は不真正身分であり、占有者という身分は真正身分である。業務者としての身分をもたないYには65条2項が適用される。
(2)　誤　Yは保管している父親の株券を不法に売却したので、横領罪が成立する（ただし、親族相盗例が準用される）。横領罪は真正身分犯であり、Xには65条1項が適用される。
(3)　正　同一構成要件（殺人）内の錯誤であり、法定的符合説によれば、Yは殺人罪の正犯であり、Xには殺人罪の教唆犯が成立する。
(4)　誤　Xは窃盗を教唆したが、Yは放火を実現した。窃盗罪と放火罪という異なる構成要件間の錯誤であり、窃盗罪と放火罪は構成要件が重なり合わないので、Xには放火罪の教唆犯は成立しない。

<ワーク22>

　正解　(3)

【解説】
(1)　窃盗の後の器物等損壊は不可罰的事後行為である。
(2)　包括一罪である。
(3)　CDの窃盗と現金の窃盗で二罪が成立する。
(4)　住居侵入罪と窃盗罪は牽連犯であり、科刑上一罪になる。

<ワーク23>

　正解　(4)

【解説】
(1)懲役、(2)禁固、(3)罰金は、すべて主刑であるが、(4)没収は付加刑である。

事項索引

あ行

アジャン・プロヴォカトゥール ……… 165
安楽死 …………………………………… 76
意思決定連続説 ………………………… 85
意思自由論 ……………………………… 5
一故意犯説 ……………………………… 99
一部実行の全部責任の原則 …………… 158
一般予防論 ……………………………… 5
違法推定機能 …………………………… 25
違法性 ……………………………… 21, 48
　　──の錯誤 ……………… 96, 104, 107
違法性阻却事由 …………………… 54, 74
違法性阻却の一般原理 ………………… 58
違法性阻却の根拠 ……………………… 58
違法有責類型説 ………………………… 27
違法類型説 ……………………………… 26
因果関係 ………………………………… 37
　　──の断絶 ………………………… 38
因果・責任連関説 ……………………… 85
因果的共犯論 ………………………… 150
因果的行為論 …………………………… 23
応報刑論 ………………………………… 5

か行

改善刑・教育刑論 ……………………… 6
拡張解釈 ………………………………… 11
拡張的正犯概念 ……………………… 146
確定的故意 ……………………………… 93
科刑上一罪 …………………………… 181
過失 …………………………………… 112
過剰避難 ………………………………… 71
過剰防衛 ………………………………… 66
かすがい現象 ………………………… 182

可罰的違法性（阻却事由） ……… 53, 54
科料 …………………………………… 183
慣習刑法の排斥 ………………………… 10
間接正犯 ……………………………… 148
間接正犯類似説 ………………………… 84
監督過失 ……………………………… 117
観念的競合 …………………………… 181
期待可能性 ……………………………… 80
規範 ……………………………………… 3
規範違反説 ……………………………… 48
規範的責任論 …………………………… 80
客体の不能 …………………………… 132
客観主義 ………………………………… 5
客観的違法論 …………………………… 49
客観的危険説 ………………………… 129
客観的帰属論 …………………………… 44
客観的処罰条件 ………………………… 91
急迫不正の侵害 ………………………… 62
教唆行為 ……………………………… 164
教唆犯 …………………………… 145, 163
　　──の因果性 …………………… 164
共同正犯 ………………………… 145, 158
共罰的事後行為 ……………………… 180
共犯 ………………………… 145, 168, 171
　　──の処罰根拠 ………………… 150
共犯従属性（説） …………………… 153
共犯独立性説 ………………………… 153
共謀共同正犯 ………………………… 161
業務 ……………………………………… 56
業務上過失 …………………………… 112
極端従属性 …………………………… 155
挙動犯 …………………………………… 28
緊急避難 ………………………………… 69
禁固 …………………………………… 183

近代学派（新派） …………………5
具体的結果観 ………………………38
具体的符合説 ………………………97
形式的違法性論 ……………………48
刑事未成年者 ………………………83
継続犯 ………………………………29
刑　罰 ……………………………183
結果回避義務違反 ………………113
結果としての危険 ………………123
結果無価値論（物的不法論）……7, 51, 52
決定論 …………………………………5
原因設定行為 ………………………84
原因において自由な行為 …………84
限界要素 ……………………………23
厳格解釈の原則 ……………………4
限時法 ………………………………17
限縮的正犯概念 …………………146
限定責任能力 ………………………83
謙抑制の原則 ………………………4
牽連犯 ……………………………181
故　意 ………………………………89
　　──の処罰根拠 …………………90
　　──の体系的地位 ………………89
故意規制機能 ………………………26
行為説 ………………………………22
行為無価値論（人的不法論）……7, 51
行為類型説 …………………………26
構成要件該当性 ……………………21
構成要件説 …………………………22
構成要件的符合説 ………………101
拘　留 ……………………………183
個人的法益の侵害 …………………74
誤想過剰防衛 ………………………67
誤想避難 ……………………………72
誤想防衛 ……………………………66
国家的目的の範囲内 ………………75
古典学派（旧派） ……………………5

さ行

罪刑法定主義 ……………………4, 8
罪刑法定主義的機能 ………………25
財産刑 ……………………………184
罪質符合説 ………………………102
最小従属性説 ……………………155
罪数（論） ……………………177, 181
罪名従属性 ………………………156
作　為 ………………………………32
作為可能性 …………………………34
作為犯 ………………………………32
錯　誤 …………………………96, 171
三権分立論 …………………………8
死　刑 ……………………………183
事後法の禁止（不遡及の原則） …15
自己保存の本能 ……………………61
事実の錯誤 ……………………96, 108
実行行為 ……………………………27
実行従属性 ………………………154
実行中止 …………………………139
実行の着手 ………………………122
実質的違法性（論） …………………48
社会的行為論 ………………………24
社会的責任論 ……………………5, 79
自由意思肯定論 ……………………79
自由意思否定論 ……………………79
重過失 ……………………………112
自由刑 ……………………………184
修正された構成要件 ……………121
従犯（幇助犯） ………………145, 165
主観主義 ……………………………5
主観的違法論 ………………………49
主観的不法要素 ……………………8
主体の不能 ………………………134
消極的責任主義 ……………………79
承継の共同正犯 …………………160
条件関係 ……………………………38

処断刑 …………………………… *185*
処罰阻却事由 …………………… *91*
侵害犯 …………………………… *28*
人格的行為論 …………………… *24*
人権尊重主義 …………………… *9*
心神耗弱者 ……………………… *83*
心神喪失者 ……………………… *83*
真正不作為犯 …………………… *32*
真正身分犯 ……………………… *168*
信頼の原則 ……………………… *116*
心理強制説 ……………………… *8*
推定的同意 ……………………… *76*
数故意犯説 ……………………… *99*
制御能力 ………………………… *81*
制限従属性説 …………………… *155*
精神の障害 ……………………… *83*
正当業務行為 …………………… *56*
正当防衛 ………………………… *61*
生来性犯罪人説 ………………… *5*
責　任 ………………………… *21, 79*
責任主義 ………………………… *79*
責任能力 ………………………… *81*
責任無能力 ……………………… *84*
接続犯 …………………………… *178*
絶対的不定刑 …………………… *10*
相対的不定期刑 ………………… *10*
相当因果関係 …………………… *41*
相当因果関係説 ………………… *42*
遡及処罰の禁止 ………………… *10*
属人主義 ………………………… *14*
即成犯 …………………………… *29*
属地主義 ………………………… *14*
尊厳死 …………………………… *77*

た行

単純一罪 ………………………… *178*
単純過失 ………………………… *112*
着手中止 ………………………… *139*
中止行為 ………………………… *139*
中止犯 ………………………… *122, 136*
　——の法的性格 ……………… *137*
中止未遂 ……………………… *122, 136*
抽象的危険説 …………………… *129*
抽象的符合説 …………………… *98*
懲　役 …………………………… *184*
挑発防衛 ………………………… *65*
超法規的違法阻却事由 ……… *57, 74*
統一要素 ………………………… *23*
道義的責任論 ………………… *5, 79*
同時犯 …………………………… *158*
盗犯等防止法 …………………… *67*
特別予防論 ……………………… *5*

な行

二重の故意の理論 ……………… *86*
任意性 …………………………… *138*

は行

罰　金 ………………………… *183, 184*
罰則の委任 ……………………… *9*
犯罪構成要件 …………………… *10*
犯罪事実の認識 ………………… *90*
判例の不利益変更 ……………… *16*
非決定論 ………………………… *5*
被告人 …………………………… *12*
不確定的故意 …………………… *93*
不可罰的事後行為 ……………… *180*
不作為 …………………………… *32*
不作為犯 ………………………… *33*
不真正不作為犯 ………………… *32*
不真正身分犯 …………………… *168*
不能犯 …………………………… *128*
不法・責任符合説 ……………… *102*
フランクの公式 ………………… *142*
文理解釈 ………………………… *11*
併合罪 ………………………… *182, 185*

弁識能力 …………………………… 81
片面的共同正犯 …………………… 161
防衛の意思 ………………………… 63
法　益 ……………………………… 3
法益衡量説 ………………………… 58
法益侵害 …………………… 5, 48, 128
法益侵害説 ……………………… 49, 58
法益符合説 ………………………… 102
包括一罪 …………………………… 178
法条競合 …………………………… 179
幇助の因果関係 ……………… 152, 167
法秩序維持機能 …………………… 4
法定的符合説 ……………………… 98
法の適正手続 ……………………… 8
法律の錯誤 ………………………… 108
法令行為 …………………………… 55
保護主義 …………………………… 14
保障機能 …………………………… 25
没　収 ……………………………… 183

ま行

未　遂 ……………………………… 121
未遂犯 …………………………… 121, 128
　──の処罰根拠 ………………… 123
未必の故意 ……………………… 93, 94
身　分 ……………………………… 168
明文なき過失犯 …………………… 112
目的刑論 …………………………… 5
目的的行為論 ……………………… 23

や行

優越的利益説 ……………………… 58
有責行為能力説 …………………… 81
要素従属性 ………………………… 153
予見可能性 ………………………… 113
予測可能性の保障 ………………… 8

ら行

利益欠缺の原則 …………………… 75
類推解釈 …………………………… 11
累　犯 ……………………………… 185
労働争議行為 ……………………… 57

ワークスタディ　刑法総論〔第2版〕

2001年4月10日　第1版第1刷発行
2002年4月25日　第2版第1刷発行

編者　島　岡　ま　な

発行　不　磨　書　房
〒113-0033　東京都文京区本郷 6-2-9-302
TEL 03-3813-7199／FAX 03-3813-7104

発売　㈱信　山　社
〒113-0033　東京都文京区本郷 6-2-9-102
TEL 03-3818-1019／FAX 03-3818-0344

制作：編集工房 INABA　　印刷・製本／松澤印刷
©著者, 2002, Printed in Japan
ISBN4-7972-9074-9 C3332

不磨書房

◇◇ **法学検定試験**を視野に入れた **ワークスタディ シリーズ** ◇◇　最新刊

1　ワークスタディ　刑法総論（第2版）　定価：本体 1,800円（税別）

島岡まな（亜細亜大学）編　／北川佳世子（海上保安大学校）／末道康之（清和大学）
松原芳博（早稲田大学）／萩原滋（愛知大学）／津田重憲（明治大学）／大野正博（朝日大学）
勝亦藤彦（海上保安大学校）／小名木明宏（熊本大学）／平澤修（中央学院大学）／
石井徹哉（奈良産業大学）／對馬直紀（宮崎産業経営大学）／内山良雄（九州国際大学）　9280-6

2　ワークスタディ　刑法各論　定価：本体 2,200円（税別）

島岡まな（亜細亜大学）編　／北川佳世子（海上保安大学校）／末道康之（清和大学）
松原芳博（早稲田大学）／萩原滋（愛知大学）／津田重憲（明治大学）／大野正博（朝日大学）
勝亦藤彦（海上保安大学校）／小名木明宏（熊本大学）／平澤修（中央学院大学）／
石井徹哉（奈良産業大学）／對馬直紀（宮崎産業経営大学）／内山良雄（九州国際大学）
関哲夫（国士舘大学）／清水真（東亜大学）／近藤佐保子（明治大学）　9281-4

3　ワークスタディ　商法（会社法）　定価：本体 2,200円（税別）

石山卓磨（日本大学）編　／河内隆史（神奈川大学）／中村信男（早稲田大学）
土井勝久（札幌大学）／土田亮（東亜大学）／松岡啓祐（専修大学）／松崎良（東日本国際大学）
王子田誠（東亜大学）／前田修志（東亜大学）／松本博（宮崎産業経営大学）／
大久保拓也（日本大学）／松嶋隆弘（日本大学）／川島いづみ（早稲田大学）　9289-X

ケイスメソッド　民　法 I　総則　9282-2　【法学検定試験対応テキスト】

上條醇（山梨学院大学）／工藤農（東北福祉大学）／舘幸嗣（中央学院大学）
湯川益英（山梨学院大学）／大窪久代（近畿大学短期大学部）　定価：本体 2,000円（税別）

ケイスメソッド　民　法 II　担保物権　9284-9　（近刊）

上條醇（山梨学院大学）／工藤農（東北福祉大学）／舘幸嗣（中央学院大学）／湯川益英
（山梨学院大学）／大窪久代／伊野琢彦（山梨学院大学）／小林秀年（東洋大学）

ドメスティック・バイオレンス　お茶の水女子大学教授　戒能民江 著

■沈黙を破った女たち■ジェンダーと女性への暴力■DV防止法の成立　9297-0
DV法の制定は、DV対応の一歩にすぎない。総合的な検証と取組みへの指針■2,400円（税別）

これからの　家族の法　帝京大学助教授　奥山恭子 著

1 親族法編　9233-4　2 相続法編　9296-2　（2分冊）　■各巻 1,600円（税別）